识人 用人 管人

梦华 编著

吉林文史出版社
JILIN WENSHI CHUBANSHE

图书在版编目（CIP）数据

识人　用人　管人 / 梦华编著. -- 长春：吉林文史出版社, 2017.5（2018.1重印）

ISBN 978-7-5472-4065-6

Ⅰ. ①识… Ⅱ. ①梦… Ⅲ. ①人才管理学－通俗读物 Ⅳ. ①C962-49

中国版本图书馆CIP数据核字(2017)第091372号

识人　用人　管人

SHIREN YONGREN GUANREN

出 版 人　孙建军
编 著 者　梦　华
责任编辑　于　涉　董　芳
责任校对　薛　雨
封面设计　韩立强
出版发行　吉林文史出版社有限责任公司（长春市人民大街4646号）
　　　　　www.jlws.com.cn
印　　刷　天津海德伟业印务有限公司
版　　次　2017年5月第1版　2018年1月第2次印刷
开　　本　640mm × 920mm　16开
字　　数　210千
印　　张　16
书　　号　ISBN 978-7-5472-4065-6
定　　价　45.00元

前言

领导是一门艺术，更是一门学问。治大国若烹小鲜，管理一个企业、一个职能部门尤是如此。当今世界，经济全球化趋势日益深化，科技进步日新月异，人才资源已经成为最重要的战略资源，而管理者管理企业或职能部门的实质其实就是对人才的管理。有“全球第一 CEO”之称的杰克·韦尔奇曾道：“作为管理者，必须提高识人、用人的能力，不断提高管人的技巧。作为一个合格的现代管理者，既需要有‘才智’，又需要有‘直觉’；既需要有‘理性’，又需要有‘感情’；既要善于在办公室中分析研究问题，得出‘科学’的结论，又要善于学习和借鉴别人的经验。”这就要求我们新一代的领导者和管理者必须掌握识人、用人和管人这三大艺术，学会如何辨识人才、运用人才、管理人才的技巧，懂得辩证识人、唯贤用人和科学管人。

识人是用人的基础，要有技巧。识人乃观察人心的实用之学，它通过灵活运用各种技巧和方法来读懂一个人的言行举止，以达到“一眼看透人心”的目的。用人必先识人，知人方能善任。人才是根本，宏伟的事业离不开人才的建设。这就决定领导者和管理者必须学会慧眼识人，为企业或职能部门招募到最优秀的人才。正泰集团董事长南存辉说过：“管理者必须学会慧眼识人，人才不仅要有才干，更要品德好。有才有德是正品，有德无才是次品，无德无才是废品，有才无德是毒品！”领导者和管理者只有学会了客观、公正、全面地了解他人，才能辨其长短、察其优劣，挑选到最优秀的员工和下属，才能在同业竞争中占据有利地位，并最终成为胜者。当然，选拔人才应当不拘一格，如果是金子，就该让他发光；如果是人才，就该使他才尽其用。创造微软帝国的比尔·盖茨就只招募最优秀的人才，即使每年接到全球12万份之多的求职申请，他仍认为还有许多令人满意的人才没有注意到微软，因而会使微软漏掉一些最优秀的人才。辨识人才，是领导者和管理者必须具备的基本条件，也是一项领导者和管理者必须要做的首要工作。孔子说，“十室之邑，必有忠信”，亦即处处都有贤人。如何做到识人之长、发掘其才，最后为己所用，这是现代领导者和管理者应掌握的高明技巧。

用人是识人的目的，要讲方法。用人是一门微妙的艺术，其关键在于抓住人性的优点，摸透人性的弱点，长短并用，方圆互补，从而发挥人才的最大效能。君子用人如器，各取所长。在企业经营或组织管理中无论作出何种决策，都需要人来执行。这就决定领导者和管理者必须要会善用人才，为岗位找到最合适的人才。领导者和管理者在用人时应用全面的、历史的和发展的眼光看待人才，根据其各自的性情特质、潜在能力，让人才各就其位、各得其所。管理学大师德鲁克曾说：“人事决策必须经过仔细考虑、认真讨论，并集中组织中各种人的经验才能作出。”人事决策之所以需要如此慎重，其根本原因就在于人事决策决定着企业的竞争力和职能部门的执行力。在用人的时候不仅要选择到合适的人才进企业或部门效力，更要把优秀的人才放到合适的岗位上，发挥他应有的作用。不要“大材小用”，也不要“小材大用”，要量才而用。三星集团创始人李秉哲说过：“人才是最难得的资源。因此，一旦发现了人才，不光要留住他，更重要的是重用他，给他创造施展才华的环境。”所以，在选好、选对人才之后，领导者和管理者需要让人才能够发挥最大的能量，为本企业创造最大的利益，为本部门创造最强的效应。用好人才，是领导者和管理者必须具备的基本素质。不会用人，就不能成为一个成功的企业家和管理者。怎样才能做到知人善任、人尽其才、才尽其用，已成为现代领导者和管理者的工作重点之一。

管人是用人的手段，要重策略。管人重在掌控人心，即通过灵活运用各种策略，调动员工和下属的积极性和主动性，使他们创造出更多的价值和利益，促进企业或职能部门的进步和发展。市场的竞争、职能部门之间的竞争是动态的，管理必须应需而变。这就决定领导者和管理者必须要会管理人才，学会在工作中造就人才。IBM 前总裁郭士纳说过："公司是人办的，管理公司就是管人。"一个企业或组织的领导者和管理者不仅要学会识人、善于用人，更要懂得如何管人。俗话说："人上一百，形形色色。"不管是企业还是职能部门内部，都存在着各种各样的员工和下属，所以我们不能按照统一的标准来对待所有的人。领导者和管理者应对其下的人员进行全面的了解，合理掌控，适当引导，对待不同类型的员工和下属采取不同的管理谋略。好马可历险，驽马可犁田，水平不同的人要派上不同的用场。只有这样，才能使其为企业或组织发挥最大的效应和能量。管理人才，是对领导者和管理者管理能力的考验。是用制度管人，还是用人管人，要根据企业或部门本身的情况善加抉择，必要时应双管齐下。一个团队要想实现组织目标，就必须有一套严格的规章制度，因为它是实现组织目标的有力保证。但规章制度的执行稍不留意就会伤人，因此领导者和管理者在实行严格的规章制度时，应贯穿一些理性和情感因素，刚柔并济，恩威并举，让员工和下属心悦诚服。成功的领导者和管理者，必定学会和掌握这项本领。

杰出的领导者和管理者，应善于识人、长于用人、精于管人。本书是一本集知识性、实用性和科学性为一体的经典管理智慧书，书中借鉴和吸收了现代企业和职能部门中许多管理学方面的实践经验，同时参考了西方一些先进的管理学理论，从实际出发，结合大量鲜活案例，与时俱进地从不同方面将识人、用人、管人这三大艺术的一般规律和知识以及实际的操作方法和应该注意的问题作了深入浅出的分析和讲解，力图帮助现代领导者和管理者掌握最切合实际的人力管理方法，例如如何察知人才的真才实学，如何让员工或下属的知识能量得到最大的发挥，如何做到知人善任、各尽其才，如何用较简单的管理取得较大的绩效，如何驾驭员工或下属、建立优秀的团队，等等，使领导和管理者在管理上少走弯路，拥有更多的优秀人才，以促使事业的稳步发展。本书适合于从事各类管理工作的领导者和管理者阅读，对于各类企业管理人员、经商管理者、各职能部门的管理人员以及从事其他领导和管理工作的读者具有十分重要的借鉴意义。

目 录

识人篇 选准人

识人篇

选准人

第一章　识人，应当有自己的战术和策略

别用条条框框囚禁了自己

只要是人才，只要能对事业起积极的推动作用，我们就应想尽一切办法将他招揽入自己的大营。我们不仅要做到不问出身、不计前嫌，还要做到真诚待人。当然还需要进行多方考核。

英雄不怕出身低。纵观历史，诸多英雄豪杰，大都来自民间。秦末，作为刘邦重臣的韩信，曾建议刘邦“反其道而行之，争夺关中之地不难，进而夺取天下也不难”，为刘邦后来夺取天下作出巨大贡献。可是韩信并非出身于什么豪门大户，也无高贵身份，甚至还受过“胯下之辱”。

同时代的刘敬，曾向刘邦建议定都关中，与匈奴实行“和亲”政策。当时他只是一个赶车的马夫，汉高祖决定召见他时，引见的官员特别为他准备了一套新衣服，而他说：“我本身穿的什么衣服就穿什么衣服去，用不着再换了。”于是穿着破旧衣服去见了刘邦，刘邦欣赏他的才华，就把他收下了。

我们当今的领导者、管理者们，要慧眼识英才，尤其是那些出身贫寒、地位低下的人才。因为这些人一旦有人欣赏他、重用他，他就会加倍珍惜这来之不易的机会。

对待人才要做到不计前嫌。李世民是我国历史上有名的开明君主，“玄武门之变”后，他对太子李建成集团的“同谋太宗数百人”均予留用，并说这些人当时都各为其主，都是“忠义

之士”。魏徵本是太子李建成的谋臣，多次为李建成出谋划策，要杀死太宗，后来也被太宗重用。一个优秀的企业管理者，之所以能宽待、重用曾经与自己作对的人，原因和目的只有一个：爱惜人才，获得人心。

人才是人类之精华，因此，人才是难得的，尤其是在社会人才不足的条件下更是如此。但是，只有组织者爱人才，以真诚的态度对待人才，才能聚集起一支人才队伍。

中国浙江省有一家由农民创办的公司，该公司下属的塑料厂花了30多万元购进了3台多功能吹塑机。设备进厂后全厂没有一个人能看懂图纸，更没有人能安装试车。总经理几经打听，获知一家塑料厂有一位姓吕的工程师能解决这个问题，于是他亲自去这家工厂拜访聘请，可是一连四五次，都没找到他。后来，总经理又多方打听，弄清了他家的住址，前去登门拜访，但一连几次都被他以身体不好为由而婉言谢绝了。

在一个雪花纷飞的夜晚，总经理再次叩响了吕工程师的家门。当看到满身白雪、不辞辛苦的总经理又一次站在家门口时，工程师被深深地感动了，终于表示愿意为这家工厂的发展助一臂之力。总经理以诚求贤，10次登门，一时传为佳话。在吕工程师的帮助下，新设备很快投入生产，给公司带来了很大的经济效益。

招聘人才需要多方考核。

小王大学毕业后到一家外资企业应聘，主持面试的是该公司的总经理查理先生。当他走进面试室时，查理先生站了起来，一脸惊喜地握着小王的手，向在座的其他几位面试主考官说道：“来，我先给你们介绍一下，这就是几年前救我儿子的年轻人。”

小王觉得奇怪，正要开口说话，查理先生抢着说：“那次车祸，要不是你抢救及时，我早就没儿子了。”小王更觉得莫名其妙，赶紧说：“可能是您弄错了，我没有救过您的儿子。”查理先生拉小王到沙发上坐下，说："你不要不好意思嘛，我还记得你脸上的这颗痣，你当时还不肯留下姓名和地址呢。"

小王站起来说道："查理先生，您肯定搞错了，我确实没有救过您的儿子。"查理先生也站起来对小王说："年轻人，我很欣赏你的诚实，我宣布你被录取了。"

诚实使小王找到了一份理想的工作。假如小王贪图虚荣，自作聪明，顺杆子爬，那就完蛋了。作为管理者，在聘用前，一定要多方考核人才的德与才，这样，方可保证人才的质量。

不同职位需要不同个性

千军易得，一将难求。人才，是事业之根本。争天下者必先争贤，得贤者必得天下。一个国家如此，一个组织亦然。因此，管理者应该不拘一格地选拔和使用人才。

1. 主管人才的识别

相对于成员来说，主管是组织内某一方面的管理专家，是直接的管理者；相对于上司来说，他们又是下属和助手。主管这种特殊的角色，使得在聘用他们时，必须进行综合考虑，慎重地权衡。无论多大的公司，主管与经理之间保持和谐的人际关系都是很重要的。

主管要成为经理的得力助手，首先必须与经理在性格上相投。主管要能够理解经理的感情变化，不能有被人使唤或命令的怨气，更不能认为自己一人之下，万人之上，在下属面前显示不可一世的傲气，也不可以在单位内部搞宗派，不把经理放在眼里，甚至架空经理。主管确实应有一定的权力，但不能以为自己能做到的事情就不需与经理通气、向他汇报。

另外，主管要有辅佐经理开拓经营领域的能力。在选用主管的时候，最好选择能发挥经理长处的人。作为经理的助手，要有能够弥补经理短处的长处，有时候要能够代替经理处理某方面的重大问题。

2. 推销人才的识别

推销人才的选择对企业来说是件相当重要的事。在选择时，不妨有意识地从下面几个方面衡量一下，看看被选择的对象是否具有这些素质。一个书生气十足的人是不可能具有这些素质的：他要有丰富的推销经验，有相当高的受教育程度，还要有出色的智力。智力对推销工作来说是取得成功的必备条件，但又不必要求过高。如果他是一个智力高超的人，他就不会安心做推销工作了，很可能会辞职而去。

选择推销人才时，还要注意这几方面：被选择的对象要安心于推销工作，能够吃苦耐劳，以保持这一职位员工的稳定性。否则，如果经常更换推销员，那将永远是由一个新手来做推销工作，就会对企业造成极大损失；被选择的对象应具有很强的事业心，把办好企业作为自己的奋斗目标，为了达到这一目标而甘愿吃苦，即便从每天清晨 8 点登门拜访第一个主顾起，一直跑到晚上 10 点，他也毫无怨言；被选择的对象还要具备对企业忠诚的素质，他应该是一个忠诚老实的人，而且他要凭着这种忠诚去感动他的推销对象；被选择的对象还要善于辞令，措辞要准确。

选择好了推销人才以后，就要抓紧时间对他们进行培训。要通过培训，使他们克服一些“天然素质”的不足，如过分体贴同情顾客，说话办事缺乏弹性，不乐意做推销工作等。一位推销教育专家高曼说，选择推销员时，首先应深入分析公司到底需要何种类型的人才来担当此任，并观察哪些人拥有此种人才的特点和条件。他说，他开设了一个训练推销员的公司，公司在日内瓦。在那里接受培训的，是来自各个国家的大约 8 000 个大企业的几十万名推销员。可见，对推销人才，不但要重“选拔”，也要重“培训”。

优秀的人才自己会说话

辩论有用道理取胜的，有用言辞取胜的。用道理取胜的，先区分黑白是非的界限，再展开论述，把幽微深奥的部分讲清楚后，再讲明全部道理。用言辞取胜的，离开主题和本质，虽然从细枝末节驳倒了对方，却把主旨给弄丢了。

偏才之人，才能见解有相同的，有相反的，也有相互间杂的。相同的就相互融合，相反的就相互排斥，相互间杂的就相互包容。因此，善于与人谈话的人，常选择对方喜欢的话题来交谈，一旦发觉对方不感兴趣，就马上切换话题；如果不是很有把握，也不随意反诘对方。不善于谈话的人，往往说些模棱两可、无关痛痒的话题，如此一来，双方很难进行深入融洽的交流，渐渐因尴尬而中断话题。善于讲述道理的人，一句话就能讲清一件事或几件事。不善于讲述道理的，100 句话可能也讲不清一件事。

通过论辩，可以判断一个人的才学高低及真假。管理者在量才用人时，如果能制造机会，引发一场争论，让大家唇枪舌剑一番，自己从旁观察，就很容易衡量出各人的才学。

1. 说得别人心悦诚服与说得别人哑口无言的人

有的人在与人论辩时，总是摆事实，讲道理，道理讲得清清楚楚，明明白白，说得人心服口服，不能不服。这种人思路清晰，看问题能抓住本质，反应也快，而且态度从容，不紧不慢，有娓娓道来之势，为人做事有理有据有节，分寸把握良好。这种人稳健大方，从从容容而能机巧变通，可担大任。

另有一种人，在争论中也能取胜，往往说得人家哑口无言，或者说得别人拂袖而去，不愿再跟他争论。这种人多是靠言辞的犀利尖锐而战胜对方的。他们目光犀利，能迅速抓住他人讲话的漏洞反驳，穷追猛打让对方手忙脚乱。他们辞采飞扬，妙语如花，取胜的同时又能博得旁人的一些欢笑和点头。但因以对方的不足为立论点，不能正确全面地陈述自己的观点，因此对方虽败而不服。

后面这种人机智敏捷，反应迅速，活泼伶俐，一张巧嘴能把错说成对，把黑说成白，尽管对方知他无理，却在一时之间驳不倒他。他们是业务、外交、法律界的好手。但要注意他轻浮不稳的毛病，当心聪明反被聪明误，应引导他们学会静下心来踏踏实实工作与思考，培养浩然正气，方可大用。

2. 善于寻找话题与不善于与人打交道的人

与人交谈时，如果大家见解相同或相近，就如河水流向大海，彼此融洽。如果意见相左，争了几句就负气而去；或者彼此模棱两可，谈得不冷不热，不亲不近，谈话则渐渐因尴尬而止。善于与人交谈的人，当发现彼此观点相悖时，会立刻转换话题，用巧妙的方式不断试探，或采用迂回技术，逐渐找到对方感兴趣的话题，慢慢地回到主题上去。

这种人富于机智，容易得到大家的好感，而且意志坚定，善于思考和察言观色，千方百计去实现自己的计划，敢说敢做，且有力量坚持到成功。他们用心智做事，适合担任社会职务。

不善于与人交谈的人，说话往往处于被动位置，公式化的一问一答，或者说些模棱两可的应酬话；一旦说到他感兴趣的话题上，立刻像变成另一个人似的，滔滔不绝，侃侃而谈，甚至会激动起来，仿佛于寂寞山中遇到知音，听者也能从中得到许多有用的东西。

后一类人对生活有激情，他们苦苦钻研自己的兴趣所在，会成为某一领域的专家。他们不喜欢热闹，爱清静独处，生活欲望也比较清淡，适合搞研究工作。

3. 善于讲清道理与不善于讲清道理的人

善于讲明道理的人，往往说一不二，是精明强干的人物。不善于讲清道理的人，讲话稀里糊涂，抓不着关键，说了半天也讲不明事情的原因和经过，或者永远打擦边球，说不到本质上去。这种人思路不清晰、头脑混乱，难以担当重任，不宜委派重要事务给他们。

让员工帮你选到需要的人

微软成立之初，就对招聘工作超常地重视。当时，公司的赢利全靠两位编程元老比尔·盖茨和保罗·艾伦，因此，所有新聘员工都必须配合好这两位创始人的工作。尽管微软2003年的目标是招2 600名员工，但对于编程人员，人力资源部负责人说道："我们的做法还是像只有10个人的公司在聘用第11个人一样。"

员工参与是聘用到最合适的精英的关键。公司的主要领导参与招聘活动是微软的一大特色，从副总裁一直到比尔·盖茨等所有高级管理人员都要亲自参与。微软有自己的小算盘：如果高层人士对招聘漠不关心，那么其他人就更不会重视招聘工作，这会使人力资源部门在公司中处于无关紧要的地位，影响人力资源部门人员才能的施展，降低招聘工作的水平。

微软鼓励员工举贤荐能。据《工业周刊》报道，微软约有30％的新开发人员是通过这种渠道聘到的。员工的推荐大约有50％都是很好的线索。

应聘者经过招聘人员的预试之后，还要通过公司其他员工的面试。他们会要求应聘者演示专业技能，如编码等。有时还会出点脑筋急转弯的问题，如"美国有多少个加油站"等，但不一定都要答对。他们只是想了解这些人思考和解决问题的方式。

微软的员工对于面试非常重视，希望有一种方式能客观描述公司的期望。管理开发部门的南希说道："公司不同部门的经理采用的是市场上不同的招聘模式。结果，谁也闹不明白到底该用哪一种。因此我们决定开发一种适合我们经理独特要求的方式。”

在微软澳洲有限公司形成了一种以“才能”为基础的招聘模式。“这一工具使我们能够明确指出微软的战斗口号：我们需要工作勤奋、能用30种方法完成工作的聪明人。”罗碧介绍道，微软的每位经理都会同下属一起找出员工任职要求的5—7种才能，并就今后的行动计划达成一致，这样员工就能向着目标水平努力。他及他的前任也就是这样携手合作，帮他担负起微软马来西亚公司掌舵人的职责。

无论招人还是用人，微软向来不拘一格，形式是次要的，效果才是最重要的。微软公司在招收人才方面一向采取的重要方法就是聪明人推荐聪明人。比尔·盖茨号召公司所有杰出的人才将自己认识的能人推荐到微软来，微软不断敞开胸怀接纳这些优秀人才，而且给那些推荐杰出人才的聪明人以优厚的奖金。这种求才若渴的招人之策也只有像比尔·盖茨这样热爱人才的人才能想得出来。

据统计，微软雇用的员工，40%是通过员工推荐的，因为聪明人了解聪明人，忠诚的员工会推荐最好的员工。“请你帮助提供顶尖的候选人，推荐适合我们岗位的人，可以是你自己认识的，也可以仅仅听说过他的名字。比如，你知道某个人发明创造过某项了不起的技术，听说某个人有‘电脑怪才’的称号，请把他的名字寄给我们。”就是比尔·盖茨的主张。

为了把那些隐藏在世界各地的天才人物统统网罗旗下，微软公司实行了一个政策——推荐一个研究员、高级研究员和主任研究员，微软公司将奖励3000美元。

这个奖励政策对所有员工都适用。微软这一人事制度是以员工的信誉为保障的。任何人在推荐人选的时候，必须以自己的“信誉”为无形担保。

滥竽充数之人，本身极难通过严格面试，就算众多考官全被蒙蔽，“三流”被当做“一流”引进公司，但事后一经发现，也会被立即辞退，推荐者的信誉也会受到牵连。所以，尽管公司鼓励所有人举荐亲朋，却没有人胆敢胡来。这项推荐制度的好处就是“举贤不避亲”。通过这样的层层把关，能够闯关夺魁的一定是优秀的人才，这些优秀人才构成了微软大业的核心层。

细节之中有魔鬼

很多人都相信通过一个细节可以看出对方的品行，因此以细节来判断人的素质。在招聘会上，领导也往往通过细节印象给候选人打分。但是是否细节识人就真的万无一失呢？或者说细节是选拔人才的客观、全面的衡量标准吗？

《资治通鉴》中记载了韩信的一段小故事：

淮阴集市中卖肉的少年羞辱韩信，说：“你虽然长得高大壮实，还喜欢带着刀剑，实际上是个胆小鬼。”并当众挑衅说：“韩信你有胆量，就来单挑；不能的话，就从我胯下钻过去。”韩信仔细地看了看他，就真的趴在地上，从少年的胯下钻了过去。整个集市的人都嘲笑韩信，认为他胆子真的很小。

相信如果当时有一些以细节识人的面试官在场的话，韩信当即就被列入人力资源的黑名单了。“士可杀，不可辱。”“三军可夺帅也，匹夫不可夺志也。”我们对人品的要求是容不得污点的。韩信苟且偷生，可见不是什么正人君子。但是，就是这样的人却为刘邦一统天下立下了汗马功劳。可见，有时候细节决定人的道理，也不全然正确。

东汉时，有一个叫薛勤的人去拜访朋友，他进门看见院内不整洁，便批评朋友的儿子陈蕃说：“孺子何不洒扫以待宾客？”陈蕃答道：“大丈夫处世，当扫天事，安事一屋乎？”薛勤当即反驳：“一屋不扫，何以扫天下？”

至于陈蕃到底有没有“扫天下”，反倒不再被“推崇细节者”过问了。但是查阅《后汉书》，就能发现这个少年陈蕃长大后，官至太傅，列天下名士“三君”之一，对汉末士大夫崇尚气节之风影响很大，最后在反宦官斗争中牺牲了。

在《资治通鉴》中还有这样一个故事：

子思同卫侯谈论苟变这个人的时候说：“苟变在收民税的时候，吃过人家两个鸡蛋，所以他这个人是不能用的。”这时候子思说：“杞梓连抱而有数尺之朽，良工不弃。”意思是一根合抱的良木，上面有一点腐朽的地方，好的工匠是不会弃之不用的。因为两个鸡蛋就把保家卫国的战士否定了，也实在不妥。

那么现在有哪些观察人才的方式比较可取呢？谷歌的大学生招聘可以作为领导者的一个参考：在硅谷山景城谷歌总部的一片草坪上，来自斯坦福与加大伯克利分校等名校的90多名学生，正在参加谷歌的团队智力游戏比赛。他们通过这些学生在游戏中表现出的综合素质来选择人才。像这种智力游戏，需要协作也需要独立创造，是一个综合素质的考察。

不仅仅是谷歌，很多大型企业在校园组织技术讲座、鸡尾酒会、披萨聚会、寻宝比赛、程序设计比赛等活动，这些新的方式，一方面没有淘汰压力，另一方面会让应聘者在不知不觉间，把企业希望了解的能力表现出来。

胯下偷生的人可以打江山，“一屋不扫”的人也可以扫天下。人的素质是一个内涵非常丰富的概念，人才测评只能大体测算出应聘者的一些基本情况，也只能作为一个参考因素。人无完人，没人能在细节上做到十全十美。如果将人才测试简化为一个细节，这种方式未必可取。

多给人才一些表现自己的机会，多了解他们的综合素质，我们才能对他们作出合理的评价。千金易得，人才难求。只要能够相中合适的人才，多花一点精力也绝对是物有所值的。

拟定科学的选人步骤

对一个组织来说，管理者就是一位知根知底的管家，他应该知道自己缺乏什么样的人才以及怎样才能找到这类人才。因此，选出什么样的人才是衡量管理者水平的一个重要标志。

人才对于组织来讲是至关重要的。把优秀的人才选拔到合适的岗位上，是现代管理者的一项重要的工作内容。“用金银总有尽时，用人才坐拥天下。”及时准确地把人才选拔出来，我们就具备了征服自然、征服社会的人力资本。

选拔人才是一门学问，现代管理者应用心揣摩。做出正确的人力资源决策，是管理者驾驭好一个组织的最基本的手段。因此，必须通过科学而严密的步骤，有效地选拔人才。

第一，找出职缺。这是选拔人才的起点，也是关键的步骤。它要求管理者必须清楚每个空缺的职位需要的是什么样的人才。为此，必须从分析工作需要入手，根据工作要求，缺什么样的人，就选什么样的人。总之，要因事选人，不能因人设事。还要根据不同的职缺要求的侧重点，来确定选拔人才的目标。整个选人过程，都要紧紧围绕职缺和目标进行。

第二，确定人才条件。关于选才的具体标准，各个国家可能不同，但也有共性。如日本选人的标准是学历、经历、能力、忠诚和健康五条。中国强调德、才、资。德，是指品质，即具有高尚的道德情操；才，是指才能，即具备能够胜任工作的能力；资，是指资历，包括学历、经历、经验和工作成绩。总之，要德才兼备。

第三，拟订选拔方案。管理者应根据职缺要求，制订选拔方案。它包括确定选拔对象，规定选拔内容，采取具体的方式、方法，拟订具体的时间程序。

第四，选定对象。候选人必须有一定的数目。没有一定数目的考虑对象，就不会有充分的选择余地，所选的人才也不一定合格，更不用说优选了。

第五，跟踪考察。管理者要组织人员到候选人的原单位了解每个候选人的情况，并对候选人进行全面考察。考察方法多种多样：

观察法，就是实际观察候选人的作业。

参与法，就是请候选人实际参加某项工作，观察一段时间再说。

日记法，就是请候选人把每天的工作记录下来，从中分析他的能力。

列表法，就是将职务的工作内容列一张表，请候选人考虑，能胜任多少条。

问卷法，就是把问卷发给候选人，请他回答有关问题。

通过考察，就可以大体了解候选人的智力、性格、技能、兴趣、动机、愿望等方面的情况了。在此基础上，管理者还要亲自与候选人进行面谈，以便进一步考察验证。

第六，作出结论。管理者必须经过集体讨论，认真地研究这些候选人的优、缺点；同时对几名候选人进行反复比较推敲，优中择优，最后作出决策，并对中选者进行任命（聘用）。

世上没有两片完全相同的树叶

生活不止一遍地告诉我们：大千世界，没有两片相同的树叶，也没有性格完全相同的人。不同性格、性情的人适宜做不同的工作。因此，卡耐基告诫管理者：用人者必须把握手下人各自不同的性格特征，全面衡量一个人的才干，量才而用。

（1）正常型。这种类型的人心胸开朗，办事执着，专心任事，志无旁骛，神经情绪稳定，不易产生激动与失常的行为。这种人自主、沉着、不怕失败和困难、适应能力强、平易近人、机智、友善、可爱、不胡乱猜忌别人。

（2）自私型。这种类型的人以自我为中心，希望不劳而获，专为自己打算，一点不肯吃亏，常轻视捉弄别人。人性自私，但后天教养及环境可使其潜移默化。

（3）深沉型。这种类型的人深于城府，有素养、有谋略、坚忍，能守秘密。

（4）粗疏型。这种类型的人愚笨短略，口不择言，遇事不经考虑遂下判断，率先发表意见，轻诺，行动粗枝大叶。

（5）狂热型。这种类型的人具有过分强烈的热情，易为某种理由的运动而疯狂，常极端冷酷，隐藏仇恨，有时会突然爆发，陷入疯狂愤怒中。运用监督适当，能令其从事需要极强注意力的精细工作。

（6）学者型。这种类型的人多有点自傲，说话有条理、有分寸，从容，不在乎世俗。

（7）肤浅型。这种类型的人私智自用，小慧自炫，遇人好道己长，好发表意见，大惊小怪，不能抑制感情流露。特征是说话啰唆，令人厌烦。

（8）狂虑型。这种类型的人常处于两种交替阶段，时冷时热。活跃时喜社交、乐观、趾高气扬；消沉阶段则相反，易沮丧、悲观、忧虑、怠惰、反应冷淡。

（9）幻想型。这种类型的人以白日梦幻想来逃避眼前现实，通常智力较高，其想象力若用于正途，具有相当高的创造力。

（10）猜疑型。这种类型的人具有高度想象力而偏向于猜疑，常常产生攻击他人的意念，一味责备别人，自大、自夸、吹嘘、难以自我控制。特征是如未提示明确的证据，绝不听信任何说明或理由。

（11）虚伪型。这种类型的人掩过饰非，谦逊过分（过谦者多诈，过默者藏奸）；皮笑肉不笑，给你不虞之誉；甘言对人，但甜言蜜语尽系虚情假意。韦伯斯特曾言：“虚伪之人为智者所轻蔑，愚者所叹服，阿谀者所崇拜，而为一己之虚荣所奴役。”

(12) 不羁型。这种类型的人喜欢自由自在、不受拘束，得志为乱世奇才，失意则玩世不恭。

(13) 无用型。这种类型的人平时说得天花乱坠，一遇实际问题则束手无策。

(14) 远大型。这种类型的人一面为现在努力，一面不满现状；有目标、有毅力、致中和、尚礼义、追求进步、实践创新，失败从不灰心畏缩，充满信心希望；能为人所不能为，为人所不敢为；身心平衡，头脑机敏；克制感情，关心他人；勇于认错，勤于进取，能屈能伸，不贪不侈。此类型人物前途远大。

(15) 老实型。这种类型的人秉性忠厚，心地单纯，反应迟钝，易为人欺。

(16) 自大型。这种类型的人高视阔步，予智自雄，色厉内荏，骄傲狂妄；好为大言却无法立功；瞧不起人，不务实际，炫耀过去，厌听别人长话，常多牢骚。特征是唯我独尊，目中无人，态度傲慢，令人侧目。

(17) 阴险型。这种类型的人笑里藏刀，内心恶毒，喜背后说人坏话、挑拨离间，行动诡秘，态度暧昧；当面奉承，口蜜话甜；暗加陷害，诡诈阴险；貌似朋友，热情扑面，实则利用，借刀杀人；造谣生事，心狠手辣，常自以为手段高明，得意非凡。

(18) 势利型。这种类型的人毫无信义，只讲利害，有奶便是娘；擅长吹牛拍马，别人得势时对其谄媚尊敬，失势时便对其漠视，甚至出卖。

(19) 流氓型。这种类型的人横眉竖目，满脸凶相，肆意谩骂，一身流气；迷信暴力，欺压善良，恐斥诈哄，乃其专长；有时亦伪装可亲，自命英雄好汉，为非作歹成习，恶性往往难改。一旦为大奸巨恶所利用，则鹰犬之材，爪牙可任；其气焰之嚣张，乃因国家法治之不张及好人之袖手旁观。有时混入朝堂，危害之大，更难估计。

（20）猪鬃型。这种类型的人最可恶。丑如野猪，狡似骚狐，虺蜴为心，豺狼成性，擅长信口雌黄，任性诬蔑他人。其行为乖僻，居心叵测，集自私、虚伪、阴险、势利、流氓之大成。但因其性奸反名忠，心毒却称义，往往易在浑水中兴风作浪，利用环境，栽赃害人；鬼蜮伎俩，凶残作风，而使仁人寒心、正士切齿。对于此类魔鬼门徒，社会蟊贼，决不能姑息纵容，唯有斩草除根，除恶务尽。

选对招聘渠道才能招对人

招聘人员的渠道一般分为两大类：组织内部招聘与组织外部招聘。每大类中又划分为若干具体的招聘途径。

1. 组织内部招聘

一个组织出现职位空缺时，通常情况下是首先看一下组织内部是否有合适的成员填补空缺，即通过各种内部招聘渠道来寻找合适的候选人。

（1）内部招聘渠道的类别。常用的内部招聘渠道主要有以下几种：

①媒体宣传。一般组织都有自己的宣传媒体，如广播、报纸或杂志、宣传栏、墙报等。组织在确定了空缺职位的性质、职责及其所要求的条件等内容后，就可通过内部媒体公开空缺职位，吸引员工应聘。这种途径既为有才能的成员提供了成长、发展的机会，又体现了公平竞争的原则。然后，人力资源管理部门通过科学而公正的考核和选拔，使组织成员意识到绩效与晋升、加薪之间的密切关系，从而得到较强的激励。

②成员引荐。主要是组织成员引荐其亲友师长，也可以是上司引荐下属。这一渠道的主要优点是引荐人对组织较熟悉，对空缺职位的职责、要求等也较了解，并且在引荐某人之前，

对某人的能力和愿望等都做了考虑和了解，因而成功的可能性较大，且能简化部分招聘程序和节省部分招聘费用。这也是这一渠道得到广泛应用的原因所在。但是，采用这一渠道时要注意避免或克服小团体现象，不搞裙带关系，力求公正第一。

③查阅档案。人力资源管理部门都备有成员的个人档案。档案通常记录成员的教育、经历、技能、培训、绩效等有关情况。成员档案能帮助组织了解并确定符合某空缺职位要求的人员。它对内部人员晋升来说是非常重要的。但是，档案记录必须准确、可靠，并力求详细。由于档案记录这一渠道透明度小，影响力小，员工参与也少，因此，这一渠道常常与内部媒体、组织成员引荐结合采用，起到互相补充的作用。

（2）内部招聘的利弊。

①许多组织都推崇从内部招聘、选拔人才，他们认为，从内部选拔人才有许多优点，有利于组织目标的实现。这些优点包括：

第一，对于内部成员，组织有比较翔实和可靠的资料供分析比较，候选人的长处和弱点都看得比较清楚。因此，一般来说，人选比较准确。

第二，所选拔的组织内成员对组织的历史、现状、目标以及现存的问题都比较了解，能较快地胜任工作。

第三，可激发组织成员的上进心，努力充实提高其自身的知识和技能。

第四，组织成员感到有被选拔的可能，工作有变换的机会，可调动成员的兴趣和士气，使其有一个良好的工作情绪。

第五，可使组织对其成员的培训投资获得回报，获得比当初投资更多的效益。

②尽管内部招聘有许多优点，但它也存在一些不可忽视的弊端：

第一，组织存在较多的高层管理人才空缺职位，而组织内部的高层经理人才储备或者是在量上不能满足需要，或者是在质上不符合职务要求，组织对未来所需高层管理人才的供需缺口比较大，如果仍然坚持从内部提升，将会使组织既失去得到一流人才的机会，又使不称职的人占据高层管理人才职位，这对组织活动的正常进行以及组织的发展是极为不利的。

第二，容易造成“近亲繁殖”。由于组织成员习惯了组织内的一些既定的做法，不易带来新的观念。

第三，由于空缺职位数量毕竟有限，若有些人条件大体相当，但有的被提升，而有的仍在原来的岗位，这样，未被提升的人的积极性将会受到一定程度的挫伤。

2. 组织外部招聘

外部招聘亦称广泛招聘，它往往是在内部招聘不能满足组织需要，特别是在组织处于初创期、快速成长期，或者组织因结构调整而需要大批中高层管理人才时采用的。

（1）外部招聘渠道的类别。常用的外部招聘渠道主要有以下几种：

①发布广告。这是一种常用的外部招聘渠道。它以报纸、杂志、广播、电视、互联网等为媒介，广泛告示，吸引候选人。招聘广告的内容主要包括：组织本身的简介、有关职位介绍、职位要求及待遇介绍、联系方式等。

②学校途径。中等专业学校、技工学校、职业学校、大专、大学等各类学校每年都有大量毕业生。通过这一渠道，可以招聘到各类专业人员。很多组织都看好学校这一人才的重要基地，与学校建立了各种横向联系，如设立奖学、奖教金，捐赠图书、仪器，提供助学金，与高等院校加强咨询、科研合作，为学生提供毕业实习场所等，以此提高组织在学校的知名度和威望，增加对优秀毕业生的吸引力。

一些高等院校每年都要召开毕业生供需洽谈会，邀请当地或全国各地大中型企业来学校招聘应届毕业生，这有利于毕业生的合理流向。

③就业中介机构。其种类主要有劳务市场、人才交流中心、人才市场、人才咨询公司等。

(2) 外部招聘的利弊。

①外部招聘的优点:

第一，有较广泛的人才来源满足组织的需求，并有希望招聘到第一流的管理人才。

第二，可避免裙带关系，给组织带来新的思想和方法，防止组织的发展僵化和停滞。

第三，可避免挫伤组织内没有被提升的人的积极性，避免造成因嫉妒心理而引起的情绪不快和组织成员之间的不团结。

第四，大多数应聘者都具有一定的理论知识和实践经验，因而可节省在培训方面耗费的大量时间和费用。

②外部招聘缺点:

第一，如果组织中有胜任的人未被选用，而从外部招聘会使他们感到不公平，因而可能产生与应聘者不合作的态度。此外，这些人由于对自己的前途失去了信心，其士气或积极性将会受到影响。

第二，应聘者对组织的历史和现状不了解，需要有一个了解和熟悉的过程。

第三，由于不太了解应聘者的实际工作能力，因而组织在招聘过程中不可避免地会过多地注重其学历、资历等，有时会对应聘者产生很大的失望。

不以个人好恶为标准

自古以来，历朝历代凡成就大业的领导者无不以“江山社稷用人为先”为准则，从而因用人而兴：齐桓公重用管仲，成就了一番春秋霸业；秦始皇任用韩非、李斯横扫六国，一统天下；刘备以“隆中对”识得诸葛亮，而得“三分天下”之势；朱元璋凭借自己的真诚感动了心如死灰的落魄士子刘伯温，使他终归自己帐下……伟大的成就来自于正确用人。真正智慧的管理者在用人时有一个最大的特点：唯才是举，而不是根据个人的好恶。

在用人中，有很大一部分管理者通常会不自觉地抵触比自己优秀的人，倾向于选择比自己差一点点的员工为自己的下属。用比自己差的人不仅方便管理，并且非常安全。招聘下属以自己的好恶为衡量标准；提拔副手，同样喜欢找能力比自己差的人。

还有一部分管理者，往往习惯感情用事，看到与自己志趣相投的人，便不再注意这个人其他方面的素质，从而将其当成人才。这样做的结果往往是此管理者形成自己的“人才小圈子”，由于考核不到位，致使很多人“浑水摸鱼”进入团队，而真正适合的人才却被错过了。

只有极少数的管理者懂得知人善任的重要性，他们在用人过程中懂得识才重才，不以个人的好恶来看人，这样的管理者往往会得到下属的尊重和追随。例如，美国 IBM 公司的总裁小沃森就是这样的一个典范。

有一天，一位中年人闯进小沃森的办公室，大声嚷嚷道：“我还有什么盼头！销售总经理的差事丢了，现在干着闲差，有什么意思?”

这个人叫汤姆，是 IBM 公司“未来需求部”的负责人，他是刚刚去世不久的 IBM 公司第二把手柯克的好友。由于柯克与小沃森是对头，所以汤姆认为，柯克一死，小沃森定会收拾他。于是决定破罐破摔，主动辞职。

沃森父子以脾气暴躁而闻名，但面对故意找茬的汤姆，小沃森并没有发火，他了解汤姆的心理。小沃森觉得，汤姆是个难得的人才，甚至比刚去世的柯克还精明。虽说此人是已故对手的下属，性格又桀骜不驯，但为了公司的前途，小沃森决定尽力挽留他。

小沃森对汤姆说："如果你真行，那么，不仅在柯克手下，在我、我父亲手下都能成功。如果你认为我不公平，那你就走，否则，你应该留下，因为这里有很多机遇。"

后来，事实证明留下汤姆是极其正确的，因为在促使IBM做计算机生意方面，汤姆的贡献最大。当小沃森极力劝说老沃森及IBM其他高级负责人尽快投入计算机行业时，公司总部响应者很少，而汤姆则全力支持他。正是由于他们俩的携手努力，才使IBM免于灭顶之灾，并走向更辉煌的成功之路。

后来，小沃森在他的回忆录中说了这样的话："在柯克死后挽留汤姆，是我有史以来采取的最出色的行动之一。""我总是毫不犹豫地提拔我不喜欢的人。那种讨人喜欢的助手，喜欢与你一道外出钓鱼的好友，则是管理中的陷阱。相反，我总是寻找精明能干、爱挑毛病、语言尖刻、几乎令人生厌的人，他们能对你推心置腹。如果你能把这些人安排在你周围工作，耐心听取他们的意见，那么，你能取得的成就将是无限的。"

可见，做一个不以个人好恶为用人标准的管理者，是一种最明智的选择。人才与厂房设备等资源最大的不同在于人会思考、有感情。管理者只有知人善任，人才才会感恩图报。

第二章 同等条件下，优先选用聪明人

你需要找到“潜力股”

企业需要有潜力的员工，知识经济时代，人才制胜。考核现代 HR（人力资源）业绩的一项标准就是——发掘有潜力的员工、培养优秀者、创造高绩效的工作环境。发掘有潜力的员工是促进公司发展的智力资本。

潜力是什么呢？泛华保险公司认为“德才兼备、专注好学”的员工就是企业寻找的“潜力股”。在泛华的人才选拔与任用实践中，重能力更重潜力，重潜力更重人品，胜任目前岗位工作的基本能力是必需的，但只有品德优良、有潜力的员工才能得到足够的发展空间。

什么样的人是有潜力的人呢？在泛华，有潜力的人才一定是视野广阔、心态积极、专注好学的员工。如果说事业心是成长的动力，那么专注好学就是员工成长的助推剂。员工只有花精力去钻研和学习工作领域的知识，花精力去改善工作领域的绩效，才能为企业创造价值，这样企业才会把自身的发展托付给这些人。

刚毕业的小李本想到大企业去做机械设计，可最终进了一家工厂做技术维护，工作很闲，价值不大，干得很郁闷。两个月后，公司因为发展的需要，从国外购进了5台工业用的大车，由小李负责技术维护。可是不到半年，这5台车就坏了，怎么也开动不了。小李和技术组一同寻找原因，同时也联系了生产该车的外国技术专家。

外国专家前来简单地看了一下大车的情况，马上得出结论：故障是因为工厂工人操作不当引起的，生产方没有责任。但是小李认为，工人完全是按照说明书进行规范操作的，并没有不当之处。于是，他向外国专家提出了自己的看法，但是几个外国专家坚持说是工厂工人的责任。

这让工厂的领导很为难：如果承认是工人操作不当引起的故障，那么厂家就不负责维修，5 台车的维修费用要自己掏，算下来怎么也得 100 多万元。可是如果不承认，因为自己的技术人员不精通这方面的技术，又提不出有力的证据。就在领导准备咬牙承担这笔巨大的损失时，小李却拦住了领导，他给领导立下“军令状”，一定拿出证据证明责任不在工人。

随后，他带领几个技术工人，在车上一待就是几天，用各种检测工具从头开始，一点一点地检查线路。就在第四天早上，小李在一组线路中发现了问题，足可以证明这 5 台车在生产设计时就存在着严重的问题。当小李把这组数据放在外国专家面前时，趾高气扬的外国专家顿时说不出话来。最后，维修费用由生产厂家全部承担。

小李为公司立下了大功，领导马上提升他为技术总监。小李也在这份原本不被自己重视的工作中获得了成就感。

小李身上体现出了现代企业最重视的员工素质：专注好学。具备良好的道德素质的“学习型”人才就是企业在寻找的“潜力股”。学习能力是企业十分看重的一点，只有不断学习，才能适应不断变化的岗位要求，才能在学习中不断提升自身的能力，从而实现个人与企业的共赢。

能不断为企业创造价值的人是不会被淘汰的。曾有一家企业的人力资源管理者说：“我们不想招聘一个过了三五年就没有价值的员工。”优秀的企业总是在寻找像小李这样的人，从而使企业源源不断地获得优秀人才贡献出来的力量。

优秀的人能使你更优秀

管理学大师德鲁克说，人事决策必须进行仔细考虑、认真讨论，并集中组织中各种人的经验。人事决策之所以如此慎重，其根本原因就在于人事决策决定着企业的竞争力。

企业的竞争就是人才的竞争。如何吸纳最优秀的人才，已经成为企业发展的关键因素。找到最优秀的人才，是管理者的主要任务之一。

美国纽约的第七街，是美国时装工业的中心。在美国近5 000家大服装公司的激烈竞争中，约南露珍服装公司居于首位，董事长大卫·斯瓦兹由此而得到“时装大王”的美誉。斯瓦兹的成功与他独特的择人眼光分不开。

斯瓦兹 15 岁起在一家服装公司做工，19 岁时，用自己积蓄的 3 000 美元与人合伙办了一家小服装厂。但服装厂的生意一直没有起色。斯瓦兹深深感到亦步亦趋跟在别人后面，将永无出头之日，要想成功就要闯出自己的牌子，要创新，要标新立异，因此，他急切地想寻找一名出色的设计师助自己一臂之力。

一天，他到一家零售店推销成衣。三十来岁的店老板看了一眼他的衣服说：“我敢打赌，你的公司没有设计师。”这句话一下触动了他的心病。

老板从店内请出一位身穿蓝色新装的少妇，并说：“她这件衣服比你们的怎么样？”

“好看多了！”斯瓦兹不禁脱口赞道。

“这是我特地为我太太设计的，”老板骄傲地说，并且不屑地撇了撇嘴角，“别看我开这么个小店，也没把你们这些大老板放在眼里，你们有几个懂得设计？连点美的细胞都没有！”

对这种接近侮辱的话，斯瓦兹却毫不在意，仍然笑容可掬地问：“你为何不找一家大公司一展所长呢？”

没想到那老板发泄开了："我就是饿死，也不再去给别人当伙计了！我曾给 3 家公司做过设计师，明明是他们不懂，却偏偏说我固执。我灰心透了。他们懂个屁！"

斯瓦兹感到，这样倔强自信、高傲暴躁的人，往往是才能很高的人，就决心争取他做公司的设计师，但被他断然拒绝了。

斯瓦兹找到了一贯支持和帮助他的原先的老板斯特拉登，了解那位名叫杜敏夫的人。

"你的眼光不错，他的确是怀才不遇，"老板说，"要是我年轻 10 年，这个人就轮不到你了！"

"你是怕留不住他？难道历史悠久的公司反而无法使用优秀的青年人?"

"要知道，一个经理人才，因他本身有实权，只要他真有一套，别人根本排挤不了他；而设计人员就不同了，全看他们的才能是否被主管欣赏，看主管是否有魄力。杜敏夫这个人脾气很坏，不好相处。"

"只要他真有本事，脾气我倒不在乎。"

"他指着你的鼻子骂大街，你也不在乎吗?"

"只要他不是无理取闹。"

斯特拉登频频点头："只要你有这种精神，将来的前途不可限量。杜敏夫是个人才，只要你会用他，也许会有惊人的表现。"

这番话促使斯瓦兹以"三顾茅庐"的精神几次三番地登门拜访，诚心相待。杜敏夫终于被感动了，他答应出任斯瓦兹的设计师。

在他的建议下，斯瓦兹首先采用了人造丝做衣料，一步领先，在美国时装业占尽风光。约南露珍服装公司的业务扶摇直上，在不到 10 年的时间内，就成为令同行瞩目的大公司。

斯瓦兹成功的案例充分说明了人才对于公司发展的决定性作用。

他的做法也提醒了企业管理者，一旦发现了优秀人才，就要“咬定青山不放松”，要有礼贤下士的精神，使其为己所用，为企业的兴旺发达不断注入新鲜活力与生机。

卓越在于使用出色的人

孙子说：“卒强吏弱，曰驰。”（《孙子兵法·地形第十》）士卒强悍而军官懦弱，结果造成战争失败，这在孙子眼里叫做“驰”。无能的将军只会出失败的主意，谁还会听他的指挥呢？军队失去了统一的指挥和号令，必然处于松散的状态，在战争中失败是必然的。所以，卓有成效的管理必然是源自于使用出色的人。

2008年，比尔·盖茨想要收购雅虎，当媒体询问他“为什么雅虎值400亿美元”时，比尔·盖茨的回答令人惊讶：“我们看上的并非是该公司的产品、广告主或者市场占有率，而是雅虎的工程师。”他表示，这些人才是微软未来扳倒谷歌的关键。

比尔·盖茨将人才当成公司最重要的财产，他曾说：“如果把我们顶尖的20个人才挖走，那么，我告诉你，微软就会变成一家无足轻重的公司。”比尔·盖茨认为，一个公司要发展迅速得力于聘用好的人才，特别是聪明的人才。

早在微软公司创立的初期，他就努力从熟悉的人中寻找聪明的人才，他亲切地称他们为“聪明的朋友”。到了后期，因为认识的人有限，他马上开始招聘陌生的聪明人。即使每年接到全球12万份之多的求职申请，比尔·盖茨仍不满足，他认为还有许多令人满意的人才没有注意到微软，因而会使微软漏掉一些最优秀的人。

所以，不论世界上哪个角落有他中意的人才，比尔·盖茨都会不惜任何代价将其请到微软公司，如微软公司最重要的领导和产品研发大师吉姆·阿尔琴就是一个例子。

最初的时候，比尔·盖茨通过朋友多次联系他，请他加入微软，吉姆·阿尔琴都置之不理。虽然后来禁不住盖茨的再三邀请，吉姆·阿尔琴终于答应面谈，但是他一见到盖茨就毫不客气地批评说："微软的软件是世界上最烂的软件，实在不懂你们请我来做什么。"

比尔·盖茨不但不介意，反而谦虚地对他说："正是因为微软的软件存在各种缺陷，微软才需要你这样的人才。"吉姆·阿尔琴被盖茨的虚怀若谷感动，终于答应到微软工作。

管理学教授蓝多·依·佐斯在《微软模式》中说："盖茨从来都是有意识地雇佣那些有天资的人并给予他们丰厚的回报，这似乎已成为一种流行的成功模式。这是微软公司成功的最重要的原因，然而人们都有意识地忽略了这一点。"

新闻记者蓝道·史卓斯也说："当我近距离检视微软的运作时，震撼我的不是这家公司的市场占有率，而是该公司拟订决策时那种密集、务实的深思熟虑。据我观察，微软不像昔日的IBM那样，在墙上挂着训斥员工'要思考'的牌子，而是将'思考'彻底地渗入微软的血脉，这是一家由聪明人组成、管理良好、从过程中不断学习的公司。"

几个真正出色的能人抵得上1 000个普通的员工，就好比孙悟空一个人就能抵挡上千的兵将。微软聚集了一大批顶尖级的聪明人，这使得他们在技术开发上一路领先、在经营上运作高超，终使比尔·盖茨成为了世界首富，微软成了全球发展最快的公司之一。

比尔·盖茨预测，百年之后，在计算机网络走向衰落的时候，必将是生物工程兴起的时代。那时的微软，生物工程将是其主营业务。比尔·盖茨相信不管时代发生怎样的变迁，微软公司都能持续兴旺，因为"重要的天然资源是人类的智慧、技巧及领导能力"，微软只要坚持大力网罗一流人才的传统，就可以进军世界上任何一个领域或行业。

没有人才就没有事业

在松下电器的各家工厂，随处可见这样的广告牌：“造物之前，要先造就人才。”

1956年，松下电器办了一期人事干部研讨会，与会者是各部门的主要负责人。松下莅临讲话，并直接发问：“你在拜访客户时，如对方问你，松下电器是制造什么产品的公司，你们如何回答?”

被问的是业务部的人事课长，他理所当然地答道：“我会回答说：‘松下电器公司是制造电器用品的。’”

不料，松下幸之助社长一拍桌子，大声斥责说：“错了！像你这样的回答是不行的！你们这些人的脑袋里到底装了些什么?”

大家都莫名其妙，被斥责的人事课长更是满头雾水：这样的回答难道不对？难道还有别的回答吗？人们都静静地等着松下的下文。

松下脸色很难看，他反问道：“你们这些人不都是在人事部门担任职务吗？难道你们不懂得培育人才才是你们的主要职责吗？如果别人问你们松下电器是制造什么的公司，你们只要不是回答‘松下电器是培育人才的公司，兼做电器生意’，就表示你们对人才的培育一点也不关心，就标志着你们的失职。

“经营的基础是人。关于这一点，我不是已经和你们讲过多次了吗？经营企业，制造、销售、技术、资金等固然重要，但主宰却是人。尽管有钱，有产品，要是没有会利用这些东西的人，这些东西也是产生不了任何作用的。所以，不论如何，人才都是重要的。如果你们不能很好地培养人才，松下电器公司又如何能够发展呢？亏你们还是主管人事的干部！”

这种重视人才、注重内部培育人才（不仅仅是业务的，也包括修养、品质）的理念和作风，使松下公司经营的基础稳固而有力，也正是在人才的基础之上，松下才能长期立于不败之地，达到今天的辉煌。

要发展事业，首先就要把心思放在人才的培育上，倘若无法领悟“有人才始有事业”的理念，就别梦想会有长远的发展。有人才有事业，所以造物之前要先造人。

优秀人才很难凭空得来，最好亲自用心培育。而培育人才，不只是知识的灌输和技能的传授，而应是培养有价值、有尊严的独立个人。

人才是企业经营之本，人才是企业发展之根。认识到这一点，在人才培育上花费再多的物力、财力也不为过，要知道，培育人才实际就是在为企业造血。

任人唯亲不如任人唯贤

任人唯亲是用人之大敌。无数事实表明，任人唯亲、拉帮结伙、互相串通、以权谋私，是导致事业失败的重要原因。任用人才应唯才是用，而不是唯亲是用。

人事任用时，管理者决不可以徇私，不可以依据个人好恶决定任用与否，而要以“能否胜任”为准则。这是一个基本条件。不能说“这个人能干是能干，却令人讨厌”，或者“他虽然没什么本事，却是我欣赏的类型，就让他做科长吧”。要把情形搞清楚，虽然从心里讨厌他，但这件事除了他以外没有第二个人可以胜任就只好向他低头了。经营者一定要彻底做到这一点，这是人事工作的基本要求。唯有不徇私的态度，才能让其他员工乐于协助。

量才而用，合理搭配。部门的员工间或是同级管理者之间，有时会产生对立，以致人际关系不能顺利发展，这是不好的现象。但大家都是凡俗的人，人际的摩擦是在所难免的，所以还是要承认有某种程度的对立存在。因此身为干部，要多考虑怎样运用人事调动，尽量减少这种对立。

比如说，3个职位一样的管理者共同管理同一部门时，即使3个人的性格相近，实力又相当，也总是会有意见分歧的时候。所以最好的调配是：一个富有决断力，一个富有协调力，另一个富有行政力，共同组成一个理想的业务队伍。这么一来便能使效率高而对立少了。领导干部应具有这种面面俱到、妥善搭配工作人员的能力。

管理者的对立是要极力避免的，如果自己也是当事人，事情会变得较难解决。这时，想办法分配给每个人不同的任务，是最为妥当的办法。

比如说，你们3个人组成一个团队时，如果同属一个职位，那是很难办成事的。只有选其中一个做最高负责人，然后凡事以他的意见为中心，日常事务才可照常进行。

松下幸之助曾经这样劝告过一位当会长的人："你最不对的地方就是叫你的朋友进你的公司当干部。"他请他的朋友担任公司的常务，这是有问题的。实际上，他应该事先跟他的朋友说："你进我的公司工作，是否能有我员工的意识？如果你有这种意识，我是非常欢迎你的，但是你如果只是想来帮忙的话，最好不要进我的公司，我希望你在公司外帮助我就好了。"

如果不事先讲明，他就会成为一个在你公司内的"朋友"，而不是你的员工了。一旦彼此的意见对立，因为你要考虑到朋友的感受，所以本来应该严正告诉他的事，也说不成了。甚至于在你想下决断时，这位"朋友"就是不同意，于是往往会造成不必要的对立。

任人唯亲，就是不考虑才能如何，仅仅选用那些与自己感情好、关系密切的人。其表现形式有三：一是"以我画线"。谁赞同自己、拥护自己、吹捧自己，就提拔谁。"顺我者存，附我者升"，把自己领导的单位搞成"一人得道，鸡犬升天"的"封地”。二是“唯派是亲”。凡是帮朋助友，不管是否有德有才，都优先加以考虑。三是“关系至上”。

如何才能做到任人唯贤？作为管理者必须要把握住两个基本点：

第一要有“公心”。关键在于无私，无私是选贤才的前提。对这点，中国古代的先哲孔子看得十分清楚。他说：君子对天下之人，应不分亲疏，无论厚薄，只亲近仁义之人。这就是说，在人才问题上，应该不计较个人恩怨、得失，而只考虑国家、民众的利益。其实质就是在选才上无私，对能力强于自己、品德贤于自己的人，要加以举荐，或使他来代替自己，或使他居于自己之上。在选才上无私，就是要抛弃个人成见，客观地对他人做出评价；即使对其并不喜欢，也决不以私害公、以私误公，而应毅然选拔。

第二是公而忘私、虚怀若谷，有很高的素质，能够不计较个人恩怨和得失。尽管一些企业的管理者也反对裙带关系，可是选拔人才时就不自觉地搞亲亲疏疏，其中原因是他们总凭个人的私欲、私情来举贤选才，这就偏离了公正客观的选才标准，长久发展下去，势必会出现小人得势、贤才失势的局面。

创业期招聘需要大智慧

创业期企业是社会的新生儿，规模小，实力较弱，还未得到社会的广泛认可。这类企业引进新生人力资源时，往往会遇到比成熟企业更多的困难，同时也需要考虑得更加周全。人力资源专家认为，创业期企业招龙引凤，需发挥比成熟企业招聘更多的智慧。

1. 注重人才与老板的匹配度

创业期企业各方面均不成熟，管理制度很不健全，甚至是基本没有，企业文化也未形成，公司的日程管理都是由老板亲力而为，企业的战略目标是求得生存和发展。企业的发展和业务的开拓主要靠老板的能力。总体而言，老板的个人风格决定着公司的命运。

多年工作的磨炼，企业老板基本上都已经形成了相对稳定的工作方式和做事风格，调整的空间和可能性有限。所以，这就要求引进的员工要与老板有较高的匹配度。只有匹配度高，大家才能高度团结，才能产生出较高的工作效率，才能克服企业在起步阶段的种种困难。反之，容易造成工作中的摩擦、误会，积累到一定程度就会爆发矛盾，从而导致合作失败。而这种团队建设上的失败，对创业期企业往往是致命的。

测试人才与老板的匹配程度，首先需要测试老板是一个有什么样工作行为的人。按照老板的风格进行招人。测试工作行为主要从 3 个维度入手：和人打交道的风格，办事的风格以及接受信息、处理信息、反馈信息的能力和风格。

2. 看重人才的职业素养和核心竞争力

创业期企业对外部人才的需求并不突出，数量少，以一般员工尤其是业务开拓人员的招聘为主，极少招聘中层，基本没有高层招聘。业务开拓人员是创业期企业的核心人员，其职业素养的成熟与否和核心竞争力的强弱直接决定着企业能否在激烈的业务竞争中破局成功。

评判一个人的职业素养可以从以下几个方面测评：职业习惯、职业成熟度、工作主动性、工作压力承受能力、学习素养。对于创业期企业而言，更为重要的是工作主动性和工作压力承受能力。创业期企业不可能获得足够的业务资源和社会关系资源，这就需要员工具有较高的工作主动性。同样，员工面对的新市场、新资源，业务开拓进程中有着更多的不确定性，这就需要员工要有较强的承受压力能力。

相对职业素养，人才的核心竞争力是企业最为看重的。人才的核心竞争力主要由以下几项内容组成：知识、技能和经验。

知识是指以专业知识为核心的全方位认知水平；技能主要体现在专业能力上；经验和工作经历有密切关系，有经验的人才能够更好地帮助企业规避风险。对于创业期企业，技能为首选，经验为次，知识居末。

3. 兼顾人才与组织、组织发展的协调性

如今激烈的竞争环境要求并决定了创业期企业发展速度一定要快。市场可以不断拓展，产品可以不断创新，而企业内部人力资源则不能日日更迭。团队的稳定是企业高速发展的基础，这就需要企业在招聘人才时要考虑人才与企业组织、企业发展的协调性。

人才与组织的协调性主要体现在人才与组织的相互适应程度、人才成长与企业成长的一致性上，而人才与组织发展的协调性主要体现在人才对企业价值观的认同感、人才对企业愿景的信任感上。因为创业型企业不具备成系统的企业文化，未凸现出明显的企业风格，所以，人才与组织发展的协调性对创业期企业而言不如人才与组织的协调性重要。人才与组织的协调性测评主要是看人才的知识、技能、经验、职业素养与企业提供的岗位、企业的成长速度是否对应。能够满足企业岗位、企业发展要求的人才，则可认定为与组织的协调性高。

第三章　区别“解决小问题”和“解决大问题”的人才

以价值创造能力来评价人才

子曰：“孟公绰为赵、魏老则优，不可以为滕、薛大夫。”（《论语·宪问》）孔子的意思是说：“孟公绰可以做赵国、魏国上卿的家臣，但是不可以做滕、薛的大夫。”

孟公绰是鲁国大夫，品德高尚，德高才短，其品德为孔子所敬重。滕和薛是两个小诸侯国。相比滕、薛，赵、魏为大国。孔子认为，大国上卿的家臣，望尊而职不杂，德高则能胜任；而小国的大夫政烦责重，才短则难以胜任。这不仅说明了知人善任的重要性，而且还揭示了人才评价是以是否胜任为主要标准的。

是否胜任，主要体现在价值创造上。能够胜任岗位的人，不仅能够卓有成效地解决工作中出现的问题，具有前瞻性地清除未来的风险，还能最大限度地实现岗位效益，为公司创造较大价值。

以价值创造能力来评价胜任度，是符合经济学规则的。工作就是生产。从经济学角度来讲，生产的含义是十分广泛的，它不仅仅意味着制造了一台机器或生产出一些钢材等，它还包含了各种各样的经济活动。例如：律师为他人打官司，商场的经营，医生为病人看病等等。这些活动都涉及某个人或经济实体提供的产品或服务。因此，简单讲，任何创造价值的活动都是生产，工作就是一种创造价值的活动。

工作创造的价值不仅对人类及社会发展有益，更现实地讲，工作创造的价值或者经济效益对个人本身更有益。这是一个很浅显的道理：管理者从个人创造的效益中获得利润，并为员工的劳动支付报酬；员工因为获得报酬而使自己的钱包鼓起来，从而过着幸福的生活。

管理者应该给员工传递这样的一个概念：从经济学意义上讲，创造价值的人也是产品。员工靠出卖劳动力实现赢利，薪酬是按劳分配所得，并在实践中积累经验实现增值从而实现扩大再生产；管理者出资购买生产资料、生产工具和劳动力组成企业，生产产品和提供服务，赚取利润，利润按劳分配给管理者。

管理者应该让员工知道，企业最看重的是其使用价值。人力的使用价值，与人的实践经验、专业技能有关。在实际工作中，时常遇到这样场景：面试时人力资源经理们经常急不可待地询问应聘者，你能帮我们解决哪些问题，你能胜任这些工作吗，而解决这些问题，正是员工自身价值的体现。

管理者必须让员工认定的一个客观现实是，决定薪水的不是学历，不是外貌，而是他的使用价值。这里的使用价值概念是从员工的角度来说的，创造价值这个词语表达的含义更为确切——员工的价值创造能力越强，在企业眼里，使用价值就越高；反之，在企业眼里就可能不值得一提。

管理者应该让员工明白，价值创造能力决定着员工的身价和薪水。工作是体现个人价值的试金石。任何人都应该找出自己在工作中的重要价值，需要用心好好地想一想：自己在做什么？自己是否提供必需的服务？自己是否看到完成的产品？自己是否是位发号施令者？然后再问自己：因为我的投入，这份工作是否不一样？

管理者应该告诉员工的一条职场规律是，要想在职场上获得高薪，唯一不变的事情就是要不断增强自己创造价值的能力。而一些工作不太积极的员工，他们工作的目的只不过是为了一份工资，“只要对得起那份工资就可以了”是他们的口头禅。这类员工在工作中不可能积极主动，他们大都抱着“做一天和尚撞一天钟”的态度，因而往往会成为企业管理的“鸡肋”。这类员工往往会成为企业的包袱，一旦企业有更好的员工可以替代他们，他们也就必然会被企业抛弃。

虽然价值创造能力是考察员工最重要的能力指标。但管理者对员工考察，不是为了考察而考察，目的在于促进员工和公司共同进步。管理者要想在企业内部真正落实以价值创造能力来对员工的表现进行评价，这需要管理者做好三方面的工作。

首先是在招聘中要保持理性。应聘者在应聘时的典型心理是尽可能美化自己，头上的荣誉光环越多，被重用的可能性就越大。大家都知道晕轮效应，即一个人对另一个人（或事物）的最初印象决定了他的总体看法，而看不准对方的真实品质，形成一种好的或坏的“成见”。成熟的总经理都会掌握一些成熟的方法，来确保企业在使用人才方面的“理性”。

其次要重视人岗匹配问题。不要“大材小用”，也不要“小材大用”，要量才而用。

最后要加强培训，提升员工的工作能力。我们以宝洁公司为例。宝洁一向信奉的理念是“注重人才，以人为本”，他们把人才视为公司最宝贵的财富。宝洁的培训特色就是全员、全程、全方位和针对性。

全员是指公司所有员工都有机会参加各种培训；全程是指员工从踏入宝洁大门的那一天起，公司开展的培训项目将会贯穿其整个职业发展过程；全方位是指宝洁的培训项目是多方位的，既有素质培训、管理技能培训，也有专业技能培训、语言培训、电脑培训等；针对性是指宝洁公司会针对每一个员工个人的长处和有待改善的地方，结合其工作的需求，针对性地为其设计培训项目。在宝洁公司领导人眼里，他们不希望任何一名员工存在短板。

员工决定企业的成败，员工弱则企业弱，员工强则企业强。员工进步，企业才能进步。培训不仅要加强员工的专业技能，还要增强员工的综合技能。促进员工成长，不是培训的实质。在企业眼里，培训也是一种投资，其本质是通过提升员工的能力而获得更多的经济效益。管理者了解到这一点，就会将培训作为公司最重要的工作来看待。

精英人才是发动机

柳传志曾说过这样一句话："作为一家制造业公司，取得成功的关键在于充分调动核心管理层和公司骨干的积极性。"联想在做业务、做事的时候，特别注意"带人"，事业要做出来，人也要培养出来。

这样的做事风格，逐渐成为一种文化，它被联想称为"发动机文化"。作为联想的一把手，柳传志是一台发动机，他希望把他的副手们（各个子公司和主要部门的负责人）都培养成同步的小发动机，而不是齿轮——齿轮是没有动力的，无论他的发动机马力多强大，齿轮本身多润滑，合在一起的系统所能提供的总能量是有限的；如果副手是同步运行的小发动机，大家一起联动的力量将非常强大。

关于"发动机理论"如何贯彻落实，柳传志表示：

首先要提供舞台。他的副手们都是有特殊追求的人。对他们来说，仅仅有物质激励肯定是不够的，精神激励更为重要，而这个精神激励主要是给他们一个足够宽广的舞台。联想的具体做法是：制定了总公司的目标和战略之后，接着确定各子公司的目标和责任，和子公司的领导们讨论要实现目标他们应该有哪些权力，并明确奖惩标准。目标制定后，具体怎么去实现目标，是由子公司负责人或者部门负责人及他的团队设计的，当然在做之前，各个部门负责人会把这个方案向总部汇报，以保持同步。

柳传志敢把这么一个舞台放心地交给下属，当然需要培养。联想把公司的管理方式由最初的指令式，发展成其后的指导式，到最后形成参与式（下属子公司自己来做，总公司决策层只是参与而已）。

2001 年联想分拆后，当时很多媒体担心，联想把大摊子突然交给年轻人，可能会做不好。其实后来的事实表明，他们做得非常出色，原因在于，早在分拆的前两年，具体的采购、供应、销售等业务已经由这些年轻人负责了。

关于“发动机理论”的深刻含义，柳传志强调：在“发动机理论”中，联想强调“三心”。其一责任心，任何一名联想员工都必须有责任心。对中层干部而言，除了责任心，还要有上进心——要有野心登上更大的舞台，去管更多的事，挣更多的钱。只有努力进取，他们才可能成为“发动机”。对于核心位置上的核心员工，还要加上事业心。这个“事业心”是不同于西方的职业经理人定位——在一家公司的管理职位上努力工作，拿到合适的报酬，再到另外一家公司去寻找合适的位置；联想的“事业心”是要把联想的事业当成自己的事业来做，一代一代地传下去。

培养事业心除了精神激励，物质激励也非常重要。让核心管理层拥有公司部分股权，让他们真的从产权角度感到自己是主人，这是联想努力去做的事情。

柳传志同时还指出，“发动机理论”中所说的发动机，是有定语的，企业需要的是“同步的”发动机，不同步就会很糟糕。无论大家的积极性有多高，如果各做各的事情，肯定要出事。在联想的组织架构中，在总裁室有企划部，其中有一个职能就是协调各个部门的关系，保证同步、一致。更关键的是，联想强调“德”和“才”。这个“德”，就是要把企业利益放在第一位，这是联想唯一的标准。因此，在制度上，一旦出现宗派苗头，联想会在第一时间坚决打击。

在工作岗位上培养人才

荷兰阿姆斯特丹的港口旁边，时常有一个慈悲的老妪在傍晚时分出来散步。每次出来的时候，老人都会带些面包之类的食物，将这些食物分给栖息在海边的野雁吃。大雁是随季节性变化而迁移的候鸟，每年冬季将要来临的时候，它们会从北方飞到气候温暖的南方去过冬。由于老妪每天都来喂养，吃喝不愁，大雁再也不用出去觅食，天天围绕着老人转。久而久之，大雁逐渐变肥。这一年冬天来临的时候，野雁再也飞不到南方，累死在行进途中。

不能锻炼出员工，企业就不可能有竞争力。很多领导者对所有的事情大包大揽，就像是故事中的老人，员工就像是被喂养的大雁，对领导者很依赖。员工失去了创造性，失去了工作激情和挑战高难度工作的信心、勇气。结果，什么事情也不干，什么事情也干不成，能力越来越糟。企业也将随着员工的平庸而陷入停滞不前的发展泥潭。

企业管理者一定要知道，工作岗位就是最好的培训地。

一汽集团每年都要招聘500多名新毕业的大学生，通过入厂培训后，这些大学生全部分配到基层锻炼，并配有导师指导，经过一年的实践锻炼后，根据企业的需要和个人的实际能力再确定岗位，人事部门定期进行考察、甄选，其中的优秀者将进入人才库，作为后备人才重点培养，并实施动态管理。让大学生们参与解决企业在生产、质量、技术、经营和管理等方面遇到的难题，既推动了企业的工作，也使他们在工作中得到了锻炼。工作岗位是一汽培养大学生的第一主战场。从这个战场上走出的人才，能打硬仗，能打胜仗。在工作岗位上锻炼人才，成为一汽集团持续辉煌的人才秘诀之一。

需要提醒企业管理者注意的是，要想在工作岗位上培养员工，首先要为员工提供合适的位子。把员工放到合适的位子上，还要使员工明确自己的责任。只有每一位成员都明确自己的责任，才能更好地完成团队任务，才能实现更好地成长。

要激发员工的潜能，就要把员工放到最能发挥其特长的岗位上去，通过岗位锻炼激发员工的潜能。平庸多半是被放错了位置，每个员工都有各自的长处和不足，关键是领导如何扬其长避其短。另外，领导要适时把员工放到新的工作环境中让其接受新的工作任务，用不同的岗位锻炼员工，从而保持员工持续学习的劲头。

精心培养管理骨干

身为领导者，你可以环顾四周，看看部属是否拥有领导特质，最好的方法是从你的办公桌后面冷眼旁观他们工作的样子，如他们与同仁、顾客、主管、下级员工共事时，显现何种专业特长？在压力之下，或是工作脱离原先计划的轨道时，他们所表现的领导特质又是什么？他们所展现的哪一些特质和你自己的领导风格最相似？或者，他们的行事与你的风格有何不同？你能够在两者之间找到彼此吻合的共同点吗？

如果你觉得自己已经找到一位或多位适合的骨干人选，接下来就把他们请进你的办公室，和他们讨论你的想法和计划，看看他们是否有同感。有些人喜欢安逸、有保障的工作，无意改变现状或往上爬；有些人对改变的态度比较积极，当你对他们解释你的计划时，他们马上就显得跃跃欲试。你的选择过程应该保持非正式的基调，目的是言谈之间透露这样的讯息：“我已经观察你的工作有一段时间了，我认为你拥有的一些实力显示你可能成为一个出色的老板。我愿意帮助你，反过来，我也能从你这里获得一些帮助。”

获得你青睐的入选者应该立即展开学习的历程，基于你对他工作的了解，必须清楚他在哪一个部分最需要帮忙，哪些工作又是最容易示范领导力的领域，还有这位入选者发展必要技巧，以及最需要下功夫和他人协助的地方又在哪里。

在这个调教过程里，你可以是正式的，也可以采取轻松的做法，时间长短任你决定，深入细节或是抓住原则，也都由你视情况而定。记住，你不是在举办一场比赛，看谁最先跑到领导线上。其实，你的任务是集合人员展开长途旅程，并在旅途中不断提供支援。

也许你很忙，调教人才所能做的毕竟有限，有时候你必须给部属更多自由，任由他们去进行工作；如果他们碰到问题，或是他们够敏锐的话，就会回来找你帮忙。你应该赋予他们真正的责任和新的挑战，并且暗示他们在处理新问题时会遭遇到哪些危险与困难，接下来看看他们想出来的解决之策，你会感到非常惊讶。

切记，当你第一次授权给助手时，不能希望一定会成功。你不可以轻率地决定：“好吧，既然第一次交给他一项大计划他就搞砸了，我们还是先喊暂停，检讨一番再说。”事实上，从错误中学习是无价之宝，在学习过程中最重要的是这个下属有没有从犯错中吸取教训，这意味着身为领导和考绩人的你，必须花长一点时间，才能得到最真切的观察结果。

等观察时期告一段落之后，就是你插手的时候了，你可以提供一些建议，做一些调整，给下属一些建设性的批评，或提供咨询，或是其他类似的矫正协助。唯有获得你的回馈，下属才可能学习和发展新的技能。他们需要了解哪些事情做得对，哪些做得不好。

这时候你的角色是指引受训下属新的方向，并且协助他们解决训练过程中碰到的问题，你应该要表现出敏感度高、有人情味、机智练达的特质来。

你应该把目光放在大局上，将心力焦点集中在这位受训助手最终的成就与长远的收获上。再提醒一次，这时候你仍然要有极大的耐心，下属需要知道你不会在他们一出错时就出言责备，如此一来，如果他们真的犯了错，就会以更好的表现来证明他们并非不能做好，再给他们一次机会吧！

内部培养＋外部引入

“内部培养＋外部引入”两种人才机制的巧妙平衡，是联想国际化的进程得以顺利进行的一大秘诀，联想的几项高层人事变动也曾引起外界的关注。

1. 内部培养方面

内部培养的案例，除了众所周知的杨元庆和郭为，主要表现在刘军和陈绍鹏身上。

2007 年 10 月 25 日，联想首任首席运营官刘军重新出山，执掌联想消费业务。刘军于 2006 年 8 月 31 日被突然宣布暂停工作一年，参加高级管理人员学习，原戴尔副总裁杰瑞·史密斯接替了刘军的职位。但与其他企业打着“外派学习”旗号变相炒鱿鱼的做法不同，刘军在停职学习一年后如期“复出”。联想称在过去的一年里，刘军完成了哈佛大学和斯坦福大学的两个高级研修课程，全球管理技能获得进一步加强。实际上，刘军一直被联想作为一名“未来领导者”着重培养，他是联想 PC 供应链模式的设计者，曾被业界视为杨元庆的接棒人。在 2005 年 10 月联想公布的新组织架构中，他更是受命为联想历史上第一个首席运营官，领导全球供应链体系，管理着半个联想。

在刘军“复出”的同时，联想大中华区掌门人陈绍鹏的管辖区域进一步扩大到俄罗斯、乌克兰等 6 个独联体国家，其新的头衔为“联想大中华和俄罗斯区总裁”，管辖范围已涉及中国、蒙古、俄罗斯等14个区域。作为中国的邻国，俄罗斯与中国的发展特性十分相似，同时也是欧洲重要的新兴市场，联想以俄罗斯作为突破口，复制其在中国内地市场的成功经验，无疑是个理想的选择。这项任命既体现了联想对陈绍鹏率领的大中华区工作的肯定，也意味着陈绍鹏今后将更多地承担起国际市场的重任。

2. 外部引进方面

2006年8月18日，联想正式任命42岁的麦大伟担任联想亚太区掌门。此前，前戴尔亚太区掌门阿梅里奥成为联想集团CEO（首席执行官），而麦大伟加盟后，直接领导他的仍然是老上级阿梅里奥。两人在戴尔练就的熟练配合将会在联想重新上演。

2006年8月，在短短半个月时间内，联想宣布全球有5名戴尔高级经理人进入联想担当要职。可以想见，曾任戴尔亚太区总裁的阿梅里奥在这场“挖角潮”中扮演的角色。其中的3名均被阿梅里奥安插在联想全球的供应链与服务系统中，表明阿梅里奥对于整合联想供应链的重视与决心——众所周知，供应链整合的成败，将直接决定联想整合的成功与否。此外，和麦大伟同时加盟联想的日本人Sotaro Amano同样也来自戴尔。

这一连串的高管任命，显示了联想在国际化人才战略方面日益走向成熟。如何处理外部人才和老联想人的关系，成为一大挑战。联想的做法是，一方面给予“空降兵”充分施展才华的空间（如戴尔的高管在跳槽到联想后，职位普遍比原来升高一级）；另一方面也积极采取措施保证老联想人才不流失。

排在能力之前的是德商

德商，即指一个人的德性水平或道德人格品质。心理学认为，德商由7种基本美德组成，即同情、良心、自控、尊重、善良、宽容和公正，也可以将其概括为4个方面：宽容、诚信、感恩和责任。德商对企业领导者来说，是一种软实力。

古人云："才者，德之资也；德者，才之帅也。"才华是让品德良好的人更出色的资本，而品德则是有才华之人的统帅。这句古语对于今天的领导者也同样适用。只有以德服人，才能治天下、行大事；只有具备良好的品德，才能收服民心，赢得众生的爱戴和拥护，从而使基业得以常青。

当我们把目光投向历史长河中那些鲜活的名字时，发现凡是卓有成就者，其品德无不散发着耀眼的光辉。在品德攻势的背后，则是其对"得道者多助，失道者寡助"的深刻体察，以及由此实施的天下归心的成功战术。

刘秀品德高尚、平易谦和，正因为如此，他才能焚王郎文书以安人心，宽朱鲔以降洛阳，示诚以服铜马，创宏伟帝业传天下。

刘秀"长于民间，颇达情伪"，深知百姓稼穑的艰难和民情的好恶，所以他为政宽简，并大力减轻百姓负担，深得百姓的拥戴。

当年刘秀镇抚河北时，赤眉军在河东，有人曾献计用水淹之，百万之众可使为鱼，刘秀认为有失道德，所以没有采纳。

建武四年，割据陇右的隗嚣正徘徊于公孙述与刘秀之间，为到底归附哪一方而犹豫不决。隗嚣派他的心腹马援将军先后去成都和洛阳探访各方详情。

刘秀接见马援时没有升堂坐殿，只穿便衣便服，独自一人坐在洛阳宫宣德殿下，由一个宦官引导着马援去见他。刘秀满面春风，微笑着说："贵客穿梭于两个皇帝之间，经多见广。今天见到贵客，深感惭愧了。"

这一平易谦和的姿态，使马援备受感动，他叩头说："今天，不再是君主在选择臣下，臣下也在选择君主。"接着就说道，"我从远方来，陛下接见我连卫士都没有，不怕我是刺客吗？"刘秀笑着说："你只是个说客罢了。"

这次相见，马援感到刘秀的恢弘大度与汉高祖刘邦十分相似，是帝王之材。回去后，马援劝隗嚣归附刘秀，隗嚣不听，马援就自己投奔刘秀去了。

刘秀在对待“逸民”“隐士”、不驯的人物时也是如此。

太原郡广武县（今山西代县南）有个叫周党的人，在当地很有名望，朝廷几次征他去做官他都不干。后来，在万般无奈之下，周党穿着短布单衣，用树皮包着头去见刘秀。

按礼节，士人被尊贵者召见，必须自报姓名，否则便是不尊重对方。周党见了刘秀，不通报姓名，只说自己的志趣就是不愿做官，刘秀应允了他。

当时，大臣范升上书，认为周党在皇帝面前骄悍无礼，应治“大不敬”罪。刘秀下诏书说：“自古明王圣主都遇到过不愿为他做臣的人，如伯夷、叔齐就不食周粟，周党不接受我的俸禄，那是他的志愿，赐给他 40 匹绸子。”

在治国方略上，刘秀认为官吏奢侈、官僚机构设置无度以致冗官无数，是百姓最大的负担，因此他在位期间，全国“并省四百余县，吏职减损，十置其一”，并大力提倡节俭。

公元 37 年，一国使者向刘秀献上一匹可日行千里的名马和一把宝剑，刘秀接受后便下诏把这匹千里马送去驾鼓车，把宝剑赐给骑士。在他的垂范下，节俭在东汉初年形成风气，刘秀也被臣民称为一代明君。

即使如此，刘秀仍经常说自己“德薄”，要大臣不要称他“圣明”。刘秀如此清廉明政，实为难得。

明末清初思想家王夫之一再推崇汉光武帝，“自三代而下，唯光武帝允冠百王也”“君臣交尽其美，唯东汉为盛焉”。东汉初年社会安定、君臣和谐，的确应归功于刘秀重德明廉的开明政治。

中国自古有“得道者多助，失道者寡助，多助之至，天下顺之”的说法，那么如何“得道”呢？很显然，这取决于领导者的日常行为、品德，如果你没有可贵的品德，如果你是一个不受欢迎的人，就不能获得众人的拥戴，从而失道寡助。

良好的品德是一种人格魅力，更是一种积极的影响力，是领导者必备的一种涵养。只有具备良好品德的领导者，才会赢得下属钦佩，进而使其倾心拥戴。正如《淮南子·主术训》中所说：“非宽大无以兼覆，非慈厚无以怀众。”

德是领导者的管理之本，它是提升个人魅力，获取员工信任的关键所在。领导者具有高尚的品德，下属就会对他产生敬爱感，就会从内心里拥护他，自觉地跟他走，领导在下属中就有了较高的威信。人们常说的德高望重，就是这个意思。中国古语说“德不孤，必有邻”，“道德不厚乾，不可以使民”，这些论述都启发我们，领导者若想获取威信、赢取人心，必须具备高尚的品德。

由此可见，领导者个人魅力的修炼，德字占先。以德服人才是大才能、大智慧。如果每天趾高气扬，对别人颐指气使，久而久之你就会成为一个失道寡助、不受人欢迎的异类。我们也很难想象，一个不会善待他人的人能够真正获得成功。

一个德商高的领导者，一定会受到下属的信任和尊敬，这样的领导者自然会有更多成功的机会。古今中外，一切真正的成功者，在道德上大都达到了很高的水平。很显然，对于企业和企业领导者的成功来说，比智商和情商等更重要的，是德商。

第四章　辨识具有“将帅之能”和“使用之能”的人才

识别人才的技巧

如何获得优秀卓越的人才，这是经营者经常考虑的问题。在经营之中，主观判断或评判对于发掘人才都是非常不利的。经理人若只因为心理测验成绩很好，就雇佣一个大有疑问的人物，那是十分不明智的，甚至可以说是非常愚蠢的。反之，若只因笔迹或第一印象的关系而拒绝一个相当好的人才，那也是相当愚蠢可笑的事。经理人应当培养识人用人的能力，全面衡量一个人才，而不可以过分依赖应聘者的证明书或专家的判断。

面试观察往往是遴选人才最直接、最有效的方法。美国国际管理顾问公司总裁马克·麦科马克重视创新、市场、人的因素，经营得法，他由500美元起家，最后成为亿万富翁。他在介绍观察人、了解人的方法时肯定地指出观察他人可以通过以下几个步骤得以实现：

（1）倾听。听人讲话，并不仅只是听听他说些什么，而且还要观察他是怎么说的。人们没有说出来的言语中包含的意思常常比他说出来的更多。偶尔要使谈话停顿一下——短暂的沉默往往会使对方说出更多的话。

（2）观察。主要观察其精神状态。神态表现为洒然而清，或者为凝然而重，这都是好的，皆来自于心内的清明厚重，形与质的关系就是由神知心的理论根据。内心清明厚重，决定了他思维敏捷，大脑清醒，判断正确，以这样的条件去管理他人和处理问题，自然会事半功倍。

神清，是内心聪明智慧的表现。如果一清到底，光明而彻，这种人的命运、事业也就是好的。如果浑浊不明，内心的聪明智慧也没有多少，或许可以制造一点无聊的笑料，却不足以重用，这样的人就不足为论了。

（3）做好准备。准备和他人见面时或打电话给他人之前，先回想一下你过去对他的了解，并且想想看你想要他做出什么样的反应。也就是说根据你对他的了解，你应该怎么说或怎样做，才能达到你的目的。

（4）谨慎。你观察他人的时候，千万要谨慎。虽然你已经了解对方的作风，但绝不要告诉对方你觉得他不够老实可靠，即使你凭直觉已经看出他的做法可能不对，也不要指出来。如果你让对方知道你对他的了解，以后就不可能再有效地运用这种了解来影响他了。

（5）少讲。只要少讲话，就可以学到更多、听到更多，而且可以避免自己说错话。每个人都能够做到少说话，而且几乎每个人都应该少说，多提问题，但不要由你自己说出答案来。

（6）深入全面。通常人们相信首次印象，但是除非经过深思熟虑，否则不要轻易地建立首次印象。当别人给你留下印象时，不要随便作为信条加以肯定。

（7）超然态度。如果你能在一些热闹的商务场合中强迫自己保持超然，你的观察力就能大大提高。当别人在酒酣耳热之时，流露出来的本性，将比他在其他场合流露的要多得多。假如你也跟着一起凑热闹，不但观察不到什么人，反而也泄露了自己的本性。如果你能不受影响，自然也绝不会反应过度。这样一来你便成为控制者，而不会被别人控制。

只用他最突出的地方

管理者应该一分为二地看人，某个人在某方面才能突出，其必定有一方面不突出。这需要管理者在使用人才时，准确把握优势和劣势，发挥其长处，避免其短处。

美国柯达公司在生产照相感光材料时，工人需要在没有光线的暗室里操作，为此培训一个熟练的工人需要相当长的时间，并且没有几个工人愿意从事这一工种。但柯达公司很快就发现盲人在暗室里能够行动自如，只要稍加培训和引导就可以上岗，而且他们通常要比常人熟练得多。

于是，柯达公司大量招聘盲人来从事感光材料的制作工作，把原来的那一部分工人调到其他部门。这样，柯达公司充分利用了盲人的特点，既为他们提供了就业机会，也大大提高了工作效率。这不能不归功于“掌门人”高明的用人策略。

由此可见，管理者只要用人得当，缺点也可以变成优点。事实上，一个人的优点和缺点不是一成不变的，而且长处和短处往往是相伴相生的，常见到有些长处比较突出、成就比较大的人，缺点也往往比较明显。

至于那些胆大艺高，才华非凡，但由于某种原因受人歧视、打击而有争议的“怪才”，领导者更要理解他们的苦衷，尊重他们，为他们提供一个发挥才能的空间。如果管理者跳出传统的思维定势，从客观实际出发，有针对性地用人之短，往往能起到意想不到的效果。

据说一家公司的招聘登记表格中，有这么一栏：“你有什么短处?”有一次，一位下岗女工来应聘，在这一栏填上了“工作比较慢，快不起来”。朋友一致认为，她是不可能被录用的。谁知，最后老板亲自拍板，录用了这位女工，让她当质量管理员。

老板说，慢工出细活，她工作慢，肯定会细心，让她当质量管理员错不了，再说，她到过许多地方应聘，都没有被录用，到这里被录用了，肯定会拼命地干，以后，我们公司肯定不会有退货了。结果，正如老板预言的那样，她工作成绩显著，公司的确没有退货了。

在这个事例中，老板充分发挥了“从短见长”的才智，充分发挥了各人的优势，取得了成功。管理者需要注意的是，越是天才越有缺陷。有缺陷的天才就因为他有一方面的欠缺，才有了另一方面的优势。反之，样样精通的人成不了天才。因为样样都会的人意味着他样样都不精，一个人只有专注、专一、专心，他才有可能成为天才。

李响就是一个这样的人。他在美国化工公司中国分公司担任技术员。他的专业能力很强，不仅对自己工作范围内的技术问题能够轻松解决，还时常跨部门研究，帮助别的部门的同事搞定科研难题。他对技术研究表现出非常人所拥有的兴趣，经常为了弄懂一个小问题而加班到深夜。公司的领导很器重他，不仅送他去公司总部进修，还时常让他担任科研项目负责人。李响每次都能出色地完成任务。

但是李响有一个致命缺点，那就是不善于与人沟通，缺乏团队合作精神。在本部门内部，只要别人不喊着他的名字，他绝对不会说话。在他带领的科研项目中，他往往只是简单地发给大家一个任务表和计划表，就不再交代什么，部下们每次都要反反复复地找他沟通好几次。并且他很固执，当别人与他探讨技术方案的时候，只要对他提出的方案有任何反对意见，他都不接受，即使只是细小的修改他也都寸步不让。总经理感到很头痛，却无良策。为了不限制他在技术上的发挥，只好委屈他人，任其由着自己的性格进行工作。

需要提醒的是，管理者在任用有缺点的下属时，需要掌握的一个重要原则就是要做好控制，不然就会纵容下属犯错。有家鞋厂的会计，他在管账时经常出错。但他有一个优点：交际能力很强。于是，老总把他调到营销部门。待了一年，业绩斐然。这件事在单位里传为美谈，员工们认为老总慧眼识珠，把一块石头变成了金子。但一次，公司让他负责购进原材料，由于他的粗疏大意，被别人以次充好，公司一下子损失100多万。

在很多管理人看来，短就是短，但殊不知，短也是长。即所谓“尺有所短，寸有所长”。清代思想家魏源说：“不知人之短，亦不知人之长，不知人长中之短，不知人短中之长，则不可能用人。”中国智慧充满了辩证法，就看你是否具备这样的眼光。面对有缺陷的人，让其发挥优势是管理者明智的选择，但如果能巧妙地避免其短处，甚至巧妙地使用其短处，使短处产生积极作用，则是管理者的高明之处。

招聘高管的三个关键

招聘中的面试，被很多面试官认为是最关键并很困难的一步，每次历尽艰辛地从海选中甄选出来的合格者，总有几个在试用期中就被淘汰掉，那么在面试环节中被筛掉的应聘者中，肯定还有更合适的人选没有被发掘出来。面试一般员工都难免出现这样的遗漏与失误，那么面试高层管理者则需更加精心组织和准确把握。人力资源专家就企业如何面试高层管理者给出了以下几点建议。

1. 把握企业需求，做好角色定位

面试高管之前一定要明确企业需要什么样的人才，给他什么样的角色定位。知道了企业需要什么角色，缺少什么角色，才能找到我们真正需要的人。就像好多面试官提出他们在面试中最常见的问题就是看人不准、不深、不快，其中一点重要的原因就是没有搞清楚企业需要什么样的人，以人论人。

例如：某企业的销售团队工作激情不够，没有士气，公司根据此情况制定出的角色定位是：招聘的销售总监要有工作激情，有榜样作用；要有营销的基本管理理念；要认同企业的文化。那么就需要把这个人定位于能长期坚持和企业一起干的角色，要有团队导向，调动公司的现有资源。这样才能使企业和个人达到双赢，个人发挥了自身特长，企业的满意度也提高了。

2. 两步背景调查，避免人事风险

据了解，因为应聘者弄虚作假而使企业蒙受经济损失的事例并不鲜见。去年，广东就曾经发生过竞争对手派人打入对方窃取技术资料的“工业间谍”案。而企业在招聘时，并不希望承担过高的人事风险。在这种情况下，对应聘者进行细致全面的背景调查成了降低企业人事风险的“良药”。

背景调查可分两步进行：面试前进行初步了解，面试后进行细致调查。通过初步了解，一方面可以帮助面试官确定面试时需要重点询问的关于应聘者工作业绩的“关键事件”；另一方面可以帮助面试官对应聘者的人品、能力有个基本判断。面试后的细致调查应在上岗前完成。根据调查结果，决定是否安排上岗，以免在上岗后再调查出问题，令公司和人力资源部进退两难。

3. 深度沟通接触，描述企业现状

有些企业在面试高管层时，总是急于求成，想一次性解决所有面试，甚至在介绍自己的企业时，只说优势，不说缺点，这是非常不可取的。人力资源专家建议，在面试高管层时要与其深度沟通，完整地描述企业的真实状况。

沟通要细致，面试官要在脑中呈现出一系列连续的行为图像，才算面试得入微。在问及应聘者以往业绩时，要追问出具体数字，不要泛泛而谈。在描述企业的真实情况时，不要片面，任何体系的建立都不是完美的，所应征岗位的困难与艰难也要真实地描述给应聘者，同时要多描述企业的愿景，尤其是中小企业，其实是要靠企业的愿景吸引人才和留住人才的。这样应聘者才能未雨绸缪，早做计划，解决企业的难题。

不必计较人才的小过错

面对竞争日趋激烈的市场环境，科学技术发展日新月异，人力资源已成为企业最重要的战略资源，对每个企业来讲，人才问题都显得非常重要、紧迫、严峻。可以说，一个企业在事业上所取得的成功，无不是其人才战略的成功。

秦始皇嬴政被称为千古一帝，是因为他创造了历史上很多个“第一”，其中最重要的就是统一天下、建立中国历史上第一个封建王朝。在各国实力均强的战国，他能够统一天下，除了先王积累的实力以外，他自己重视人才也是一个重要的原因。

嬴政被世人视为中国历史上的暴君：凶狠暴戾，野蛮冲动，多疑猜忌，冷血无情。司马迁在史学巨著《史记》中也曾记载过这样一个小故事：

嬴政去梁山宫游玩，站在山上往下一看，见丞相李斯的车马众多，于是非常不乐意。他身边的侍卫把这个细节告诉了李斯，使得李斯日日寝食难安。等嬴政再次出行的时候，李斯大幅度地减少了车马随从。

嬴政见状非常愤怒，说肯定是有人将上次的事情偷偷告诉了李斯，于是审问身边的随从，随从中没有一个人敢承认的，嬴政于是把当时在自己身边侍奉的所有随从全部杀死了。

这个记载给后世人留下这样一种印象：秦王朝的君臣关系完全是建立在暴力和算计的基础之上，是猫和老鼠的关系，没有一丝人情味儿。

其实，你只要认真地读一遍《秦始皇本纪》就会发现，其实秦王朝的君臣关系可以说是两千年来君臣关系最好的阶段之一。秦始皇对人才的重视，用人的眼光、气度和手段，只有唐太宗李世民可以与之媲美。

在一统天下、成就帝业后，嬴政并没有像刘邦与朱元璋那样大开杀戒，也没有像宋太祖赵匡胤那样玩杯酒释兵权的把戏，而是对一些功臣忠将继续委以重任，其从政生涯中唯一杀掉的重臣只有一个吕不韦。

除此之外，嬴政与其他重要政治人物李斯、王翦、蒙恬等著名将相都善始善终，关系非常融洽。就拿李斯来说，嬴政与其共事 30 年，有始有终，李斯的几个女儿都嫁给了嬴政的儿子，其儿子娶的也都是公主。与汉武帝如走马观灯似地换相、不断诛杀宰辅公卿相比，嬴政在用人方面的确有着过人之处。

除了与臣下的关系处得不错之外，嬴政还非常重视人才，有着“容才之量”的宽广胸怀，他认真贯彻法家任人唯贤的治国方略，不拘一格地使用人才。不管一个人的地位如何，只要有能力，能为秦国的发展作出贡献，他都会加以任用。

秦统一天下初期，魏国大梁人尉缭曾经向嬴政进谏，建议嬴政花巨资贿赂其余六国的大臣，从内部瓦解敌人，这种做法表面上看起来花费巨大，却能够获得非常大的实际利益。嬴政立即实施了这一建议，并给了尉缭非常高的待遇，赏赐他使用的东西均与自己的没有两样。

但是尉缭反而执意要走，后被嬴政及时发觉，又给逮了回来。不过，嬴政对尉缭的“不识抬举”并没有生气，也没有对他实施刑罚，而是温言挽留，并任命他为秦国太尉，对他非常重视。尉缭也对嬴政忠心耿耿，帮助嬴政作出了许多正确的决策。

荆轲刺杀嬴政时的助手高渐离，在荆轲刺秦失败后流亡民间，嬴政爱惜他的音乐才华，大赦其罪，并任命他为宫廷乐师。

著名水利工程郑国渠的设计者郑国，原是一个秦国敌对国家的奸细，在潜入秦国被发现后，嬴政出于爱才之心，不但没有杀他，反而予以重用，让他主持建成了郑国渠。从此关中瘠薄之地变成膏腴良田，灾荒减少，秦国的经济实力进一步增强，直至最终平灭东方六国。

正是因为嬴政重视人才，不计较人的过错，并善于发挥他们的长处，所以才能够高速、高效地完成了统一全国的大业，并且开创了一系列惊人的政绩。

企业要想巩固已取得的成果，并在更高的起点上有所作为，有赖于它坚持不懈地实施行之有效的人才战略。而要实施人才战略，企业领导者首先要营造一种宽松、和谐的内部氛围，做到尊重人才、重视人才、不计较人之小过，并根据他们的特长委以重任，唯此才可留住人才，为企业的发展添砖加瓦。

小细节，大明堂

日本电产公司是世界上最大的汽车零部件生产厂家之一。它原来是一个只有几人的小作坊，仅 10 年的时间就发展成为一家大型企业，产品打入国际市场，销售额比创业初期提高了 100 倍。这些成就的取得是与其独特的经营之道分不开的，尤其是在人员的选拔上。

1. 嗓门越大越好

这项考试的主要目的是考察应试者有没有自信心。公司主考官事先准备好一篇文章，让前来应试的人一个个地轮流朗读，根据其声音大小予以录用。或者，让参加考试的人站在人群拥挤的车站前进行演说或谈自己的经历。这项考试不仅要求应试者的声音大，而且要求大方，毫无羞怯，讲起话来充满信心。他们认为只有说话声音洪亮、表达自如、信心百倍的人才具有较强的工作能力和领导能力。

2. 用餐速度越快越好

公司事先为每位应试者准备一份硬邦邦的米饭，菜也烧得让人难以下咽。主考官考试前做一些说明："午饭已经准备好，请大家慢慢吃。正式考试在用餐 1 小时后开始，在隔壁会场举行。大家不必着急。吃完饭的人领取牌号后，到隔壁会场去。即便是正式考试也很容易，请大家慢慢吃吧！"尽管主考者一再强调慢慢吃，仍有一半的人在10分钟之内吃完了饭。这些吃饭速度最快的人全部被日本电产公司录取。日本电产公司认为吃饭速度快也是身体健康的一种表现。事实证明，通过“用餐速度考试”进该公司的职工，几乎从来不生病、不请假。

3. 厕所清扫得越干净越好

主考官要求应考者打扫厕所时，不用抹布和刷子等工具，而全部用自己的双手清洗沾在便池上的污垢。有些人表面上似乎打扫得很干净，但是，在人们看不到的地方却依然如故。真心实意想把厕所打扫干净的考生，会把便池里面也认认真真地冲洗干净，这就是为人诚实、办事认真的表现。

4. 报到越早越好

日本电产公司通过较长时间的实地考察和数据搜集，对上班来得早和来得迟的人得出的结论是：上班迟的人，多数工作成绩都比较差。如果上班时姗姗来迟，带着满脸的睡意，匆匆忙忙来到工厂，这样的人绝对干不出像样的工作。

日本电产公司独特的选才方式、选才标准，仔细想来，其实不无道理。考试虽简单，却是对应试者身体素质、心理素质、敬业精神等方面的综合考察。

越来越多的世界级大企业在招聘人才时，不单单看重一个人的才能或技术，而往往要求获得一个“德、智、体”全面发展的人才。这样的人，必须具备健康的身体素质、良好的心理素质、诚实的品行、忘我的敬业精神等，这些都作为考察标准来衡量一个人是否合乎企业要求。应该说，这是企业人性化发展的一个表现。

培养你的左膀右臂

管理者要想卓有成效地开展工作，就必须有得力的助手。因此，培养自己的左膀右臂就成了管理者的一项重要工作。只有培养出得力助手，管理者的各项工作才能顺手。

1. 培养一个能弥补管理者弱点的人为右臂

成为管理者右臂的条件，首先是这种人能弥补管理者的弱点。如管理者认为自己的财务能力较弱，应找一位懂行的人；如果认为自己的人事能力弱，应找一位在这方面有能力的人。总之，管理者和已成为管理者右臂的人，应该是相互取长补短的关系。

无论多小的公司，管理者都是一城之主，管理者与助手之间保持正常的人际关系是很困难的。有很多这样的例子：起初经理到处说他找到了非常可靠的人，可是遇到某件事后，又贬低说那人不行，只不过靠工资吃饭而已。

由此可见，能成为管理者右臂的人，必须与管理者的性格相投。好多人没有被人使唤或命令的体验，总为一点点小事动不动就发脾气，认为别人没有把他放在眼里；自以为应由他做主的事，如果没有经他允许就格外生气。因此，作为管理者右臂的助手，必须是能理解管理者感情变化的人，而管理者也能在某种程度上加以自控，相互让步，才能很好地配合。

2. 培养一个能发挥管理者长处的人为助手

成为管理者左膀的第一个条件是，能辅助管理者开拓经营最得意的领域。作为管理者右臂的人应能弥补经理的短处，而成为管理者左膀的人则是能辅助管理者发挥长处，或能代理管理者工作。管理者应将日常业务工作尽量委托给他干，自己腾出时间考虑公司将来的发展。所以，能成为管理者左膀的人，最好是能发挥管理者长处的人。

左膀和右臂的作用正好相反，两人之间的关系如搞不好，则难以合作。合作得好，就能成为好搭档；合作得不好，反而会制造麻烦。因此，成为管理者左膀的人，他的人品和性格相当重要。如果作为左膀者认为右臂比自己强就加以排斥，那就不好相处了。如果成为管理者左膀者保持谦虚的态度，支持右臂者的工作，事情就好办了。

3. 通过下达特命事项，了解候选干部的潜力

对候选人员，管理者应该亲自下达特命事项。通过下达特命事项，能了解候选人员的潜力。开始时某些管理者认为没有什么了不起的人，后来却崭露头角。相反，有些原来认为很优秀的人经过几次考验后，又觉得并不像想象的那样。也就是说，管理者对候选人员的任用应该慎重。

通过执行特命事项，肯定会出现有潜力、崭露头角的人。这样的人哪怕只发现一个，也是很有好处的。如向他们下达特命事项，该人与管理者的交流机会自然会多些。通过这样的互相接触，该人在管理者的影响下，会不知不觉地成长起来。在育人方面最重要的是人格的影响力。这种影响力越大，育人的成功率越高。

如放任自流地等待，自然成长是不会成功的。有了相应的土壤，但不施肥是不行的。尤其对候选干部，必须有这样的设想：让候选人员明确目标，然后通过自己的努力和充分利用公司提供的各种机会成熟起来。

4. 第一标准是忠实

管理者的“化身”，就职务来说，是在公司里担任要职的人。选拔“化身”的标准是什么呢？根据各公司的不同情况和管理者的不同想法，各有不同。但作为一般标准，多数人都把“忠实”放在首位。

某公司的管理者同时培养了两个人作为自己的接班人，让他们互相竞争。A年轻，头脑敏捷，认为他是下任管理者的呼声很高。他本人也意识到了这一点，因而不时流露出自己是下任管理者的言行。B的头脑并不那么敏捷，可人很忠厚。他总是维护A的利益，从他平时的微妙言行中可以看出他也认为下任管理者就是A。但出乎意料的是，管理者挑选的接班人不是A，而是B。

原来，在选择A还是选择B的问题上，管理者费尽了心思，他认为如果选择A，公司会大踏步地实行经营改革，也许会发生意想不到的变化，但如果遭到失败，结果也是惨痛的。如选择B，他为人稳重，公司不会有很大发展，但也不会因为经营失败而带来惨痛的结果。因此，最后他选择了B。

提拔工作业绩出色的人

用人的方式多种多样，可以从外界招聘人才，但更重要的是从内部发掘一批潜在精英。要知道提拔比招聘的代价要便宜100倍。卡耐基指出提升是对员工卓越表现最具体、最有价值的肯定方式和奖励方式，提升得当，可以产生积极的导向作用，培养向优秀员工看齐和积极向上的企业精神，激励全体员工的士气。因此，老板在决定提升员工时，要做最周详的考虑，以确保人选合适。提升还应讲求原则，不能凭个人的喜好而滥用老板大权。

什么是提升依据呢？过去工作业绩的好坏，这是最重要的提升依据，除此以外的其余条件全是次要的。因为一个人在前一个工作岗位上表现的好坏，是唯一可以用来预测他将来表现的指标。切忌根据个人的个性以及你是否喜欢他的性格作为提升依据。提升不是利用他的个性，而是为发挥他的才能。这也是最公正的办法，不但能堵众人之口，服众人之心，而且能堵住后门，让众多的“条子”失效，避免陷于员工间的钩心斗角之中。

这个道理虽然简单明了，可是许多人却往往做不到，主要是我们爱跟着感觉走，被表面的现象欺骗，以致失去了判断力。在很多时候，提升一个人是因为他同管理者脾气相投，管理者喜欢他的性格。比如，管理者是快刀斩乱麻的人，他就愿意提升那些干脆利落的员工；管理者是个十分稳当、凡事慢三拍的人，就乐意提升谨慎万分的员工；管理者是个爱出风头、讲排场、好面子的人，就不喜欢那些“迂”的人。这是一个误区。

另外，还有一点，管理者普遍喜欢提升性格温顺、老实听话的员工，而对性格倔犟、独立意识较强的员工不感兴趣。这样提升的结果，很可能是用人失当，被提升者虽然很听话，投主管脾气，也“精明强干”，工作却搞不上去。这样做不仅浪费了一批人才，还使一些性格不合管理者意而有真才实学的人“报国无门”。

所以，管理者在提升员工时，必须切记：你喜欢他的个性也好，不喜欢也好，他个性乖戾孤僻也好，温顺柔和也好，都不必过多地考虑，而应把注意力集中在他们以前的工作业绩上，谁的工作业绩好，谁就是提升的候选人。因为，企业需要的是实干家而不是空谈家，空谈而无业绩者何用？怎样判断一个人是空谈家还是实干家，方法不过是让谈话者去干实事。

现代的多数企事业单位招聘人才大都有一个试用期，试用期满，老总就会对员工的成绩作一个评价，能够留下来的当然是为管理者所满意的，被认为是人才的员工；有时，管理者还会从其中的特别优秀者中选出一部分委以重任。这便是管理者以政试之、察其真才的做法。

有时，管理者没必要让所有的人都去做相类似的事情，而是让较为器重的人才去做特定的事，看他们的处事技巧，从而判断其是大才还是小才。这一部分人往往是领导考察的对象，如果令管理者满意，极有可能成为接班人。而管理者要选择接班人更要谨慎行事、委之以政、时时考察。往往选择接班人的结果如何，恰恰反映了一个管理者的识才能力，是一个管理者有无识才艺术的标准。

另外，管理者在提拔人才时还必须做到提拔依据公开化。

提拔结果直接关系到企业团队建设，影响到企业的人气，所以必须搞好提拔工作。管理者在决定提拔员工时，要做最周详的考虑，以确保人选的合适。

提升还应讲求原则，不能凭个人的喜好而滥用管理者职权。还有，提拔是一个长期观察被提拔者之后的必然结果。如果盲目地提拔，可能导致察人不全，从而没有充分发现他存在的不足，这样的提拔必然导致人力和财力的浪费，所以提拔不可过急！

论资排辈选拔管理人才，只能压制人才、鼓励庸才。然而，随便打破管理人才提升的常规，提拔的人太多，升迁速度太快，亦有弊端。如果升迁太快，则无从考察业绩；有的人因升迁太快，没有足够的时间积累知识和经验，不利于人才的锻炼成长；刺激升迁欲望，还会助长职务上的攀比之风。有的人一心想往上爬，无心干事，这山望着那山高，在一个台阶上还没有站稳，就想“挪挪窝”。要避免这种状况，就必须严格控制超前升迁。

因此，晋升职务最好不要超过一个级层，尽量不要越级提升。另一方面要采取一系列过渡措施，让人才有相当程度的曝光，提高人才的威信和知名度。比如，指派他完成公司最为艰巨的任务，让其展示才能；让他在公司各种会议上扮演重要的角色，等等。管理者要让人才明白，虽然他是很有才能的，但是在一个组织内，任何晋升都必须等待适当的时机。

察贤识才的三个标准

懂得贤才的重要性是任用人才的第一步，接下来还需要一个“察贤”的过程，即正确地识别人才，这是重视和任用人才的前提条件。作为杰出的政治家，吕不韦深谙“尚贤为政之本”的道理，作为一国之相，他深知人才对治国的重要性。吕不韦以政治家的眼光，总结历史经验教训，把得贤人与得天下直接联系起来，从国家兴亡的高度提出尚贤的重要性。

他在《吕氏春秋》中写道：“身定，国安，天下治，必贤人。”“得十良马，不若得一伯乐；得十良剑，不若得一欧冶；得地千里，不若得一圣人。舜得皋陶而舜受之，汤得伊尹而有夏民，文王得吕望而服殷商。夫得圣人，岂有里数哉?”要求国家的统治者把尚贤作为基本国策。吕不韦的这些观点和做法，都显示了他对人才的推崇。

吕不韦所处的时代是个群雄争霸的时代，在这种残酷的竞争中，人才的重要性和巨大作用更加凸显出来。对此，吕不韦借助《吕氏春秋》提出了“察贤”的三个标准。

首先，《吕氏春秋》使用了许多概念，如圣、贤、士、能等，从这些概念看，吕不韦心中的“贤人”都是一些品德高尚的能人，也就是德才兼备之人。

其次，《吕氏春秋》指出：“凡举人之本，太上以志，其次以事，其次以功。三者弗能，国必残亡。”吕不韦将心志、做事、功劳三者作为举人之本，这个标准把德才兼备具体化了，延伸到了做事的能力和政绩等。

最后，《吕氏春秋》明确地提出了“八观六验”和“六戚四隐”的内观和外观标准。所谓“八观六验”，就是“凡论人，通则观其所礼，贵则观其所进，富则观其所养，听则观其所行，止则观其所好，习则观其所言，穷则观其所不受，贱则观其所不为。喜之以验其守，乐之以验其僻，怒之以验其节，惧之以验其特，哀之以验其人，苦之以验其志。八观六验，此贤主之所以论人也”。具体意思是：

（1）在他通达、过着很顺利的日子时，要注意看他礼遇的是些什么人。

（2）在他显贵、发达时，要注意看他举荐些什么人。

（3）在他富贵时，要注意看他供养、收养些什么人。

（4）在他听取意见时，要注意他将采取些什么行动。

（5）在他闲暇无事时，要注意看他有什么喜好和嗜癖。

（6）在与他探讨问题时，要注意他说些什么话、怎样说话。

(7) 当他贫穷时，要看他不接受什么东西。

(8) 当他处在下贱阶层时，要看他绝对不做什么事情。

以上是“八观”的主要内容。

(1) 当他高兴时，要检验他有没有过分的表现、所恪守的事情有没有因此而放松。

(2) 当他快乐时，要看清他的癖好。

(3) 当他发怒时，要看清他的节制，能否保持理性。

(4) 当他恐惧时，要看清他是否保持着足够的自制力。

(5) 当他哀伤时，要看清他为何哀伤，透过这种哀伤能否看到他的仁慈之心。

(6) 当他处于苦难当中时，要看清他这时所秉持的始终不渝的志向。

以上是“六验”的主要内容。

除了“八观六验”，吕不韦还说：“论人者，又必以六戚四隐。何谓六戚？父母兄弟妻子。何谓四隐？交友故旧邑里门郭。内则用六戚四隐，外则用八观六验，人之情伪贪鄙美恶无所失矣，譬之若逃雨，汙无之而非是。此圣王之所以知人也。”所谓“六戚四隐”的标准就是：鉴定一个人的品质，除了要有以上标准之外，还要听取他六类亲戚、四种接近他的人对他作出的评价。六类亲戚是：父、母、兄、弟、妻、子，四类接近他的人是：朋友、老相识或同事、乡亲和邻居。这些人代表了他不同时间、生活侧面和生活空间内对他最为熟悉的群体，所发表的看法和见解也必然是最为客观、全面而公正的。

综观以上三个识人标准，标准一是综合的理性标准，核心即德才兼备。标准二是理性标准的具体化，侧重于具体操作。标准三是从内、外两个不同方面识别考察人才，侧重于方法论。应该说，这三个标准构成了一个完整的考察体系，吕不韦在当时的历史条件下，能够提出按照这一标准体系识别考察人才，的确是难能可贵的。

古语说：知人善任。作为一名领导者，不了解一个人，就无法决定能否对他委以重任。只有了解了他，才能最大限度地发挥一个人才的能力和作用，或者识破一个奸伪之徒的本来面目，避免影响整个管理工作的顺利进行。由于了解人才、选择人才是关乎一个企业兴衰成败的关键因素，所以在人才管理上，现代企业管理者有必要借鉴吕不韦的“察贤论”，掌握科学的识人方法，凭此获得更多真正优秀的人才。

精英会在竞争中胜出

通过竞争选拔人才也是现代管理中经常使用的方式，最常见的具体方法有考试竞赛法、任期目标法和实绩考评法。

1. 考试竞赛法

考试在大面积发现和选拔人才方面，不失为一种比较奏效的方法，至今各国都普遍采用考试办法发现人才。据资料介绍，美国于1980年2月举办了一次为期5天的“寻找科学人才竞赛”，从中发现了10名优秀人才。后来的结果验证，这10名人才都被评为有才能的科学家。罗马尼亚规定，凡局长以下工作人员的录用和提升，都必须通过考试和实际测评。

许多国家企业内部，也建立了一套严格的考试制度，把考察和选拔人才作为一项经常性工作，确保优秀人才脱颖而出。如日本的佳能公司，把全公司190个工种根据工作难易程度和所需知识的多少，设立15种等级（职称），明确规定每种职称的标准，每隔10个月进行一次统一考试，根据考试成绩和日常考核情况确定职称。不论工龄长短、学历高低，只要符合标准，有真才实学，就可晋职升级，甚至越级晋升。

考试本质上也是一种竞赛。竞赛不仅是人才成长的加速器，而且是一种优胜劣汰的机制，它可以通过“筛选”，发现人群中的佼佼者，使被埋没、被世人瞧不起的人才脱颖而出。但是应该承认，考试竞赛方法本身也有其局限性。利用考试办法并不能测试出人的智力的全部要素。美国心理学家吉尔福特指出，人的智力要素可以分解为120种，而目前能够测试到的只有98种。也就是说，有22种智力要素是测验不出来的。因此，管理者使用考试竞赛法识人选才时，必须结合使用其他方法才能奏效。

2. 任期目标法

就是在对下属任免过程中，通过目标管理的方法来鉴别下属才能和手段的优劣。

管理者应首先把岗位任务转化为目标体系，根据上级指示和组织的实际情况，制定一定时期内既先进又可行的总目标。其次，要进行目标展开，将总目标从纵向、横向和时间上分解到各层次、各部门以至各个成员，由上而下落实责任。再次，发动群众逐级逆向修改、协调、校正分目标，由下而上制定对策。最后，定期对各层次、各部门乃至每个成员进行严格的目标考评，根据目标的进度均衡性和目标的达成度，来评价管理者是否能胜任此职，决定任免。

这种方法颇类似按“军令状”考核验收，它可以激发下属彼此竞争，互相比较，在竞争和比较中尽显优势。

3. 实绩考评法

实绩考评法是管理者对下属的工作成绩和服务情况做定期的考核与评价，以鉴别优劣、挑选人才的一种方法。

把考评实绩作为检验“良马”的标准，是一种有效的方法，而当今世界各国，尤其是发达国家的政府部门或企业在人力资源管理过程中对考评倍加重视，一般每年都要进行一次，个别国家和地区甚至每半年进行一次。考评的结果直接与管理者的升迁挂钩。

考评实绩，既是检验“良马”的一种手段，同时也可以为下一次“赛马”提供可参照的依据和资料，使“赛马”的机制不断完善，不断改革和创新。

第五章　为职位选择合适的人

找到最恰当的位置

既然人才难得，在使用人才上，更应该发挥人才的专长。德鲁克认为，有效的管理者能使人发挥其长处。他知道只抓住缺点和短处是干不成什么事的，为了实现目标，必须用人所长。充分发挥人的长处才是组织存在的唯一目的。作为一个管理者，他的用人决策，不在于如何克服人的短处，而在于如何发挥人的长处。

松下幸之助主张“最好用七分的功夫去看人的长处，用三分的功夫去看人的短处”。管理者的人事决策，不在于如何弥补人的不足，而在于如何发挥人的长处。任何人都有其长，亦必有其短，管理者用人的要诀之一，就是如何发挥人的长处。

所有成功的企业家、经理人都把用人之长作为他们人事决策的基本立足点。管理者如果以“鸡蛋里挑骨头”的态度去选拔下属，久而久之，就会发现周围没有可用之人。在用人问题上，不能机械从事，更不可盲目照搬，要根据具体情况活用人的长处。

知人善任是企业管理的核心，是企业全体管理者的重要工作和共同责任。企业通过外部招聘、内部培育和选拔，取得这两类人才，并且将他们放在最合适的岗位上，“贤者在位，能者在职”，促使这两类人才互相补充，产生倍增的作用，“名才得其序，庶绩之业兴”。

领导者要辨识企业自身经营和发展对人才的需求，寻找企业需要的合适人才；建立内部的人才激励机制，包括由员工共同参与的员工职业规划和技能发展，积极鼓励内部和外部的人员有序流动；保证每一个岗位都使用最合适的人才和储备具有能力的继任人才资源；而且要保证用人系统的灵活性，要敢于突破固有思维模式，有区别地对待不同的人才，制定不同的策略，应用不同的方法，从而有利于识别、发现、培育和使用各类人才。

分析资料证明，卓越企业的关键性人才，大部分出自企业的内部，但是最重要的是，企业要发现人才并且有培养人才的机制，如果不去主动寻找合适的人才，让其埋没自己的才能，不仅失去了人才的价值，对企业来讲也是一笔大的损失。

但是在实际工作中，很多管理者存在着误区。很多企业培养人才的重点多半是放在对缺点的改正上，下很大的工夫去加强比较弱的部分，而非尽力去发挥个人的专长。这样做虽然可以培养出不犯错、没有缺点的“秀才”，却无法培养出拥有创造力和独特性的真正人才。并且，在改正缺点的过程中，不仅当事人觉得痛苦，在心理上产生很强的抵触情绪，而且就算达到了百分之百的效果，也不过是从“负数”回到“零”罢了，付出与得到不成正比。

相反，如果让一个人的优点尽量发挥，本来就是“正数”的部分更能产生加倍的效果。二者所花费的精力也许完全相同，但效果截然不同。另外，当事人也会因为觉得有乐趣而产生成就感和工作的动力。

因此，管理者要注重发挥人才的长处和优势，合理地使用、培育人才和留住人才，形成有利于人才发展的环境和文化。这不仅仅是企业领导者的一项管理职能，更是企业文化的核心组成部分。企业只有发现和培养具有潜能的人才，根据人才的类型不同，给予区别对待，将人才放到最适合的地方去，才能有效保持企业的核心竞争力。

但需要提醒管理者注意的是，你需要的不一定是最优秀的人，但一定是最适合的人。因为是“岗位需要”使用人才，所以，“优秀”的人未必就是最能满足岗位需要的人选，在这种意义上，合适比优秀更重要。并且，随着工作的开展，只有人岗适配，才能表现优秀。

让他去做他最擅长的事

谋事在人，成事在能。识人、用人为一切才能之上者。一流的企业，需要一流的管理；一流的管理，需要一流的企业家。企业家管理之关键，唯在用人。用人之道，在于有才者竭尽其力，有识者竭尽其谋。综观当今企业的竞争，莫过于人才的竞争。放眼未来，谁拥有优秀的人才，谁就占领了发展的制高点。

福布斯集团的老板马孔·福布斯是一个十分善于用人的管理者。在福布斯集团工作，只要你有才干，你就能够被安排在合适的岗位上，让你大显身手。福布斯集团也正是因为用人有方而发展壮大的，有许多事例都说明了这一点。

大卫·梅克是一个才华出众的人，但他的管理风格让很多人无法接受。他对人冷漠，从来不留情面，而且非常严厉。比如，在下属们忙着组稿时，他总会传话说：“在这期杂志出版之前，你们中有一个人将被解雇。”每每听到这话，大家都很紧张。

有一次，有一个员工实在紧张得受不了，就去问大卫·梅克：“大卫，你要解雇的人是不是我？”没想到大卫·梅克竟说：“我本来还没有考虑谁将被解雇，既然你找上门来，那就是你了。”就这样，那名员工被解雇了。

但马孔·福布斯恰好看重大卫·梅克的才华和严厉，他将大卫·梅克放在总编辑的位置上。大卫·梅克在任总编辑期间，最大的贡献是树立了《福布斯》“报道真实”的美誉。而在那之前，《福布斯》曾多次被指责报道不真实。

为了保证报道的真实性，大卫·梅克专门让一批助理去核实材料。这些助理必须找出报道中的问题，否则就将被解雇，而且真的有 3 名助理因为没有找到记者报道中的问题而被他解雇了。《福布斯》在 20 世纪 60 年代就能够与《商业周刊》《财富》齐名，报道真实，正是其最大的竞争优势。

福布斯用人有方的第二个典型是对列尼·雅布龙的使用。

列尼·雅布龙是一名理财专家，但他又是一个出名的“小气鬼”，如下班就要求关冷气，死皮赖脸拖欠他人的货款等。马孔·福布斯要的就是他这种小气，理财嘛，不小气怎么行？事实证明，列尼·雅布龙在担任总裁期间，开源和节流都做得很好。列尼·雅布龙最著名的大手笔是出卖“美国领土”。

1969 年，马孔·福布斯花 350 万美元在科罗拉多州丹佛市以南约 321.86 千米的地方买下一个牧场，面积为 680 万公亩。马孔·福布斯原本计划将这片牧场开发成狩猎场。当一切准备就绪，准备开业时，科罗拉多州政府却发出通知，说这块土地上的野生动物是该州的财产，私人不得任意处置。

这等于给马孔·福布斯的狩猎场判了死刑。

怎么办？350 万美元以及后期的大量投入，总不能不要了吧。正值危急关头，列尼·雅布龙出了一个高招。他把这片土地划分成许多面积为 202 公亩（1 公亩＝100 平方米）的小块，然后分块出售。他们宣传做得很到位，称这块土地是实现美国梦的最佳场所，是一个完全不受污染的天堂，可以让每一个购买的人拥有一块美利坚合众国的土地。

这一招立见奇效，许多人纷纷购买。

202 公亩的售价是 3500 美元，每公亩是 17.33 美元，而马孔·福布斯买进时的价格，才不过每公亩 0.54 美元。这一笔生意，赚进了 3400 万美元，超过当年的杂志主营业务收入。

福布斯还有一个用人的典型就是对其亲弟弟的使用。

他的弟弟华里士·福布斯是哈佛的工商管理硕士，并且有一定的工作经验。作为一个家族企业，如果把华里士·福布斯委以重任，一点都不过分。

但马孔·福布斯让弟弟到投资部担任副主管，还亲自向投资部的主管雷·耶夫纳保证，投资部的事情全权交给雷·耶夫纳，华里士·福布斯的职权仅仅限于处理业务。马孔·福布斯这样安排，是因为他弟弟的长处在于企划方面，而不在于从事高层管理工作方面。华里士·福布斯高兴地接受了这样的安排，并且与雷·耶夫纳相处得很好。

用最合适的人胜过用最好的人，精明的企业管理者对待人才要做的就是将合适的人才放在合适的位置上。

一天，庄子和他的学生在山上看见山中有一棵参天古木因为高大无用而免遭砍伐，于是庄子感叹说："这棵树恰好因为它不成材而能享有天年。"

晚上，庄子和他的学生又到他的一位朋友家中做客。主人殷勤好客，吩咐家里的仆人说："家里有两只雁，一只会叫，一只不会叫，将那一只不会叫的雁杀了来招待我们的客人。"

庄子的学生听了很疑惑，向庄子问道："老师，山里的巨木因为无用而保存了下来，家里养的雁却因不会叫而丧命，我们该采取什么样的态度来对待这繁杂无序的社会呢?"

庄子回答说："还是选择有用和无用吧，虽然这之间的分寸很难掌握，并且也不符合人生的规律，但已经可以避免许多争端而足以应付人世了。"

世间并没有一成不变的准则。面对不同的事物，我们需要不同的评判标准，对于人才的管理尤其明显。一个对其他企业相当有用的人对自己的企业来说并不一定有用，而把一个看似无用的人摆正地方也许就能为你创造出你意想不到的收益。

聪明的领导人应该学会发现人才的优点，使得人尽其才，尽量避免人才浪费。

认准了就大胆使用

1981年底，微软公司已经控制了个人电脑的操作系统，并决定进军应用软件这个领域。比尔·盖茨雄心勃勃，认定微软公司不仅要开发软件，还要成为一个具有零售营销能力的公司。问题是微软公司在软件设计方面人才济济，不乏高手；但在市场营销方面，却缺少卓越性人才。没有这方面的人才，微软别说要进入市场，连市场的门都找不到。

不过盖茨还是迈出了非凡的一步——挖人。经过四处打听，八方网罗，最后盖茨锁定了肥皂大王尼多格拉公司的一个大人物——营销副总裁罗兰德·汉森。

“汉森是个营销专家，可对软件方面完全是个门外汉呀。”盖茨的幕僚有点不放心。可盖茨毫不担心，他看中的是汉森丰富的市场营销知识和经验。盖茨将汉森挖过来后，很快对他委以营销方面的副总裁这一重任，专门负责微软公司广告、公关、产品服务以及产品的宣传与推销。

汉森上任后做的最重要的一件事就是给微软公司这群只知软件、不懂市场的精英们上了一堂统一商标的课。在汉森的力陈之下，微软公司决定，从今以后，所有的微软产品都要以“微软”为商标。于是，微软公司的不同类型产品，都打出“微软”的品牌。不久，这个品牌在美国、欧洲，乃至全世界，都成了家喻户晓的名牌。

随着市场的日益扩大，尤其是海外市场的开发，微软公司的经营规模日益扩大，公司第一任总裁吉姆斯·汤恩年近半百，已显江郎才尽，跟不上微软的快节奏，主动提出辞掉总裁的职务。盖茨费尽心机，找到了坦迪电脑公司的副总裁谢利。他直截了当地向他提出："到微软来吧。"

"我能干什么？"

"当总裁。"

谢利一来，就对微软的人事进行了大刀阔斧的改革。他把鲍默尔提升为负责市场业务的副总裁，更换了事务用品供应商，削减了20％日常费用……谢利掌管下的微软在许多地方开始"硬"起来。不过，谢利在微软的好戏还在后头。

1983年，为了抢在可视公司之前开发出具有图形界面功能的软件，占领应用软件市场，微软开始了"视窗"项目，并宣布在1984年底交货。

谁知，直到1984年过了大半年了，"视窗"软件仍然没有开发出来，以致新闻界把"泡泡软件"的头衔"赠给"了"视窗"。正在进退维谷的时候，谢利经过一番仔细调查，找到了病根：除了技术上的难度以外，开发"视窗"团队的组织和管理十分混乱。

谢利又一次大刀阔斧地整顿：更换"视窗"的产品经理，把程序设计高手康森调入研究小组，负责图形界面的具体设计；盖茨自己的职责，也被定位于集中精力考虑"视窗"的开发。此举立见奇效，各项工作有条不紊，进展神速。1984年年底，微软向市场推出"视窗"1.0版，随后是"视窗"3.0版。

比尔·盖茨大胆引进人才，放手使用人才，使汉森和谢利能够带领微软走向正规化发展的道路，为微软公司作出了巨大的贡献。

对人才而言，重要的不仅是善于识别其长处，而且要敢于大胆地使用。对人才多鼓励，少埋怨，多理解，少责备，充分授权，充分信任，才能调动人才的积极性、主动性，真正实现"谋者尽其职，勇者竭其力，仁者播其惠"的目标。

放胆引进人才，放手使用人才，知人善任，这也是世界优秀企业发展壮大的不二法门。

需要避免的识人错误

在不断的发展运作中，组织内部需要增添些新鲜血液。但如果所接受的血型不对，就无法使组织充满活力，甚至可能影响组织的发展。因而，选拔人才要避免陷入某些误区。

第一，视“专家”为伯乐。一些组织为了保证所招聘人员的质量，可能会组织一个由各种专家如人力资源专家、心理测试专家、专业技术人员等组成的招聘队伍。这些“专家”可能是精兵强将，但在招聘方面可能并不顶用，因为具体岗位需要什么样的角色，他们并不十分清楚。因此，管理者应邀请熟悉岗位的人而不是请那些并不擅长此道的专家来招聘新人。

第二，视学历为能力。文凭与学历可以代表或说明一个人的文化水平，但不能把文凭、学历看得过于伟大、过于绝对。因为学历、文凭并不等于知识，也不等于才能，更不等于贡献。

第三，过分强调个人能力。有人说“一个拿破仑是伟大的，但三个拿破仑就很难说了”。这与“三个臭皮匠，赛过诸葛亮”正好相反。因为聚集“伟大人物”并非能组成“伟大小组”，即把所有单个令你满意的人放在一起并不一定会做出令你满意的成绩。故管理者在招聘人才时，不要指望个个优秀，也不必要将同类型的人才凑合在一起，关键是要长短搭配，优势互补。

第四，过分依赖直觉和测验。直觉、经验、测验固然重要，但不可过分依赖。因为滥用的心理测试也许不能提供准确的信息，反而掩盖了被试者的实际能力。如有些理想人格的模式可以构筑心理学家心目中的某种幻想，但对实际工作并无多大意义。

匹配才能创造高效益

关于人才的匹配，管理界有个耳熟能详的故事：

所有人都说千里马是马中极品，有一个农夫于是就花了几年积蓄在市场上买了一匹千里马，回到家中后却发现实在没有什么大事需要千里马去完成，便让它和一头驴子一起拉磨。千里马被囚禁在磨坊里拉磨，传出去很丢千里马一族的脸面，于是，每次拉磨时千里马总是很不老实地折腾一番。

农夫很生气，就用鞭子使劲抽打它，没过几日，千里马生生被打死了。有了这次经验，农夫再也不买千里马了，为了和驴子搭配，他就又买回了一匹骡子。骡子和驴子很和谐，干起活来，搭配得很好，磨坊的效率很高。

有一天，农夫得了急病，需立即送到城里救治。家人拉出了骡子，骡子在磨坊里待惯了，任凭农夫的家人使劲抽打它，它始终跑不快。抽打得急了，骡子就更加放慢了速度，最后索性在原地转起圈来了。家人无奈，只好迁就着骡子，晃晃悠悠地赶往城里。因为延误了治疗，农夫落下了后遗症。回来后，农夫一怒之下宰掉了骡子。

看完了这个故事，大家就会明白：农夫其实相当于企业的总经理，千里马、骡子、驴子是企业的员工。这里面，千里马最优秀，但是因为被放置在不合适的工作环境里，活活被折磨死。骡子本来也是很优秀的人才，和驴子搭配起来，能够为企业创造很高的经济效益。但是，却被抽调出拉马车，这本是千里马的长项——结果，骡子也死在它不适合的岗位上。

四季酒店是一家世界性的豪华连锁酒店集团，曾被评为世界最佳酒店集团之一，并获得 AAA 5 颗钻石的评级。酒店属于服务业，服务型企业的成功共性就是要拥有一批能够执行企业服务理念的人才队伍。一位入住过四季酒店的旅行者在他的日记中写道："别的酒店是把酒店单纯地当做酒店来经营，而四季酒店却把酒店当做旅行者之家来经营，这种浓郁的家庭氛围，一路奔波的旅行者怎么能拒绝？"

为顾客营造家的氛围的是四季酒店的训练有素的员工。人才是四季酒店成功的根本原因。四季酒店亚太区人力资源总监吴先生认为符合四季用人理念的人才应该包括以下素质：诚信、灵活、踏实。优秀人才不是凭空产生的，是要结合具体一个行业、一家企业、一个职位来定义的。四季身为服务行业的企业，对人才最大的要求就是"灵活"。这个灵活要体现在对客户的服务上，适应力、变通能力与抗压能力都要强。当然在这些能力之前，最为关键和基础的就是道德品质。

了解了企业的工作特性，四季酒店总是很容易找到企业最需要的人，然后把他放在最合适的岗位上，为企业创造出最大价值。四季用人最大的特点就是无论是高学历者还是普通学历者，包括"海归"，都需要从基层做起。吴先生认为一名优秀的员工，哪怕是把他放到最基层的位置上，经过一些时日，肯定都会比其他人"跑得快"。

吴先生说："曾经有个新人，学历背景很优秀，能力也很强，他信誓旦旦地要在 2 年内做到部门经理。我当时立刻否决了他。不管一个人多优秀，在这里，要做一个部门经理至少需要 15 年的时间，这是许许多多前辈留下的经验，是经过实践检验的，我不认为会有特例。所以，一个人需要磨炼，更需要有被磨炼的耐心。"

正是对员工孜孜不倦地长期打磨，使企业充分了解到员工的特点、特长、能力和发展潜力，无论员工晋升和调岗，企业总是能最快地实现人岗匹配，从而保证酒店不因人员的调动而降低组织运行效率。

优秀的企业管理者从来都不把人岗的匹配问题当做是小事情。企业管理者应采取正确的措施和手段对人力资源进行合理配置，合适的人工作在合适的岗位上，这将会使得员工的工作绩效、工作满意度、出勤率等得到提升，从而提高组织的整体效能。

上述故事给企业管理者最大的启示是：在用人的时候不仅要学会伯乐识马，选合适的人才进公司效力，更要把优秀的人才放到合适的岗位上，发挥他应有的作用。不要“大材小用”，也不要“小材大用”，要量才而用。匹配才能使人才发挥最大价值，为企业创造更多绩效。但是，要想完美实现人岗匹配，首先要做的就是要了解工作的特性。只有了解工作的特性，才能在人才使用上有的放矢。

合适的人做合适的事

企业高层领导者有效发挥人才的价值，让合适的人做合适的事，是提高执行力的重要途径之一。美国第一代钢铁大王安德鲁·卡内基的发迹，关键在于他善掌“万能钥匙”。他起家时两手空空，但到去世时已拥有近 20 亿美元的资产。人们对于这位“半路出家”的“钢铁大王”的成功感到十分的迷惑不解。

其实，卡内基的成功除了他具有可贵的创造精神外，还有一点非常关键，就是作为企业的领导者，他善于识人和用人。卡内基说过：“我不懂得钢铁，但我懂得制造钢铁的人的特性和思想，我知道怎样去为一项工作选择适当的人才。”这正是他一生事业旺盛的“万能钥匙”。

卡内基曾说过：“即使将我所有的工厂、设备、市场、资金全部夺去，但只要保留我的技术人员和组织人员，4 年之后，我将仍然是‘钢铁大王’。”卡内基之所以如此自信，就是因为他能有效地发挥人才的价值，让合适的人做合适的事。

卡内斯虽然被称为“钢铁大王”，但他却是一个对冶金技术一窍不通的门外汉，他的成功完全是因为他卓越的识人和用人才能，他总能找到精通冶金工业技术、擅长发明创造的人才为他服务。比如，世界出色的炼钢工程专家之一比利·琼斯，就终日在位于匹兹堡的卡内基钢铁公司埋头苦干。

企业的人才有时就像企业生产产品需要的材料一样，必须十分合适，如果所选的人才不合适，就无法满足企业的需要。让合适的人做合适的事，才能突出有效执行的能力，否则就很难达到目的。大家都知道，执行力是有界限的，某人在某方面表现很好并不表明他也胜任另一工作。

正如企业的高层领导者不能依靠排球运动员去操办一场超级排球大赛，不需要医学家去当药品销售商一样，企业的高层领导者不能因某人在某个行业的名气、地位就认为他能做好另一专业的工作。这个道理对任何行业录用人才都是适用的。

所以，企业在选聘人才时，应考虑其执行力是否与职位的要求相匹配；只有选聘适合职位要求的人才，才能为企业创造价值。

企业高层管理者用人不是抓住一个是一个，关键要看他是否符合自己的需要，是否和自己的决策对路。否则，那些被招来的人就会成为管理者的包袱。

彼得斯曾指出："雇用合适的员工是任何公司所能做的最重要的决定。"他把管理工作概括为："让合适的人去做合适的事。"然而，如果你雇用了一些不合适的人，你就别指望他们能把该做的事做好了。

在美国，通用电气公司早已成为一个令全美企业垂涎的人才库。培养人才是通用公司总裁杰克·韦尔奇的重要的经营之道。他喜欢物色人才、追踪人才、培养人才，并把他们放到相应的工作岗位上。他说："一旦我们把人都调动起来了，我们的事就做完了。"

杰克·韦尔奇曾这样说过："我们能做的一切，就是把宝押在我们选择的人身上。所以，我的全部工作便是选择适当的人。”

在通用电气公司，主管 NBC（全国广播公司）的罗伯特·莱特、副董事长兼 CEO 丹尼斯·达梅尔曼、主管公司资本的格雷·温茨、经营医药的约翰·屈尼等人，都是在他们各自的位置上工作十多年的优秀人才。韦尔奇能让合适的人做合适的事，他能让他们在各自的位置上做得越来越好。

大部分企业高层管理者的成功，都在于他们能够让合适的人做合适的事，能找到拥有执行能力的人。石油大王洛克菲勒成功的关键因素之一，也在于他雇用了合适的员工。

如何提高执行力，其关键的一点是企业高层管理者找到合适的人，并发挥其才能。执行的首要问题实际上是人的问题，因为最终是人在执行企业的策略，并反馈企业的文化。柯林斯在《从优秀到卓越》中特别提到要找“训练有素”的人，要将合适的人请上车，不合适的人请下车。

他在书中说：“假设你是个公共汽车司机，公共汽车也就是你的公司，就停在那里，等待你来决定，去哪里，怎么去，谁和你同行。”

很多人会认为，伟大的司机（企业高层领导）会马上振臂高呼，然后发动汽车，带着车上的人向一个新的目的地（企业愿景）飞速驶去。

但是事实上，卓越的企业高层领导人所做的第一步不是决定去哪里，而是决定哪些人去。他们首先选合适的人上车，请不合适的人下车，然后将合适的人安排到合适的位置上。不管环境多么恶劣，他们都遵从这样的原则：首先是选人，然后才确定战略方向。

让合适的人做合适的事，远比开发一项新的战略更重要。这个宗旨适合于任何一个企业。执行的过程就等于下一盘棋，企业高层领导者要尽量发挥人才的资源优势和潜力，找到最合适的人，并把他放在最合适的位置上，把任务向他交代清晰，就可以做到最好。

你的最佳身份是伯乐

作为杜邦公司总裁的皮埃尔·杜邦二世是一个善于发现千里马的人，他非常明智地将约翰·拉斯科布网罗进杜邦的人才宝库，并且给他提供充分发挥其才能的机会，使他心甘情愿地一直追随着皮埃尔，为杜邦公司的发展立下了汗马功劳。

拉斯科布是法兰西人，长得矮矮胖胖，看上去毫无过人之处。一次偶然的机会，杜邦结识了他，通过交谈，发现他头脑清楚，思维敏捷，分析问题有条不紊，而且能说会道，很适合做公关工作，于是皮埃尔请拉斯科布担任自己的私人秘书。

在工作中拉斯科布又显示出他处理财政问题的才能，皮埃尔马上用其所长，提升他为德克萨斯州有轨电车轨道公司的财务主管，不久又将之晋升为杜邦公司的财务主管。当杜邦公司买下通用公司后，拉斯科布随着皮埃尔来到通用汽车公司，在董事会执行委员会工作，并任该公司的财务委员会主席。

至此，他的才华开始引人注目，并成了美国证券市场上的风云人物。拉斯科布协助皮埃尔创建了杜邦证券经营公司、通用汽车承兑公司，为杜邦进军金融界，进一步向金融寡头发展立了大功。后来他还担任皮埃尔银行家信托公司、克蒂斯航空公司以及密苏里太平洋铁路公司的董事。1928 年，《美国评论之评论》杂志将拉斯科布称为“杜邦公司的金融天才”。

这一切，很大程度上归功于皮埃尔·杜邦对人才的善知善用。

要想成为伯乐，在众多的人当中发现千里马，需要管理者持一颗公正平等的心，用不带偏见的眼光去看人，还需要有极强的分析能力，能够从一些不起眼的小事甚至几句交谈中看出对方的潜质，并迅速做出判断，看他是否能为自己所用。当然，管理者还要有过人的肚量，敢于重用比自己强的人。

企业里如果出现表现卓越的人才，应立刻将其提拔到合适的岗位上，善加运用，因为一刻的踌躇即是损失一刻利益；因猜忌而把他视为平庸者看待，企业将由停滞不前而最终走向下坡路。

在发现卓越人才后，应注意以下几点：

倾听他的观点和建议：此举会大大增加他对管理者的信任，以及对企业的归宿感，使他感觉到自己确实很受重视。为了有所表现，他必定更乐于创新。

适度地赞美：在他有了出色的成绩时，应马上加以称赞和鼓励。如果表现出冷漠，有时会使敏感的他以为是嫉妒他。这样一来，他宁愿把创造性的建议藏起来，待有机会即另谋高就。

交给他有挑战性的工作：卓越做事有点天马行空，但又有出乎意料的成功。如果给了他富有挑战性的工作，他定感到被看重而满怀工作激情。一方面管理者考验了人才的实力；另一方面还得到了他的感激。

帮助他学习：管理者不能将卓越人才的工作编排得密密麻麻，使他根本没有时间学习新事物。卓越并不表示万能，他也有不懂的事物。管理者要尽力帮助他学习，掌握更多的技能，这样才能为企业带来更好的效益。

对他额外的贡献给予鼓励：一些实质性奖励是必要的激励手段。人才对企业有额外的贡献，如无特别待遇，动力自然会减弱，也可能导致他不再追求进步。

用人篇

用其长，避其短

第六章　人人皆人才，唯大小之分

每个人都能发光

清代思想家魏源指出："不知人之短，不知人之长，不知人长中之短，不知人短中之长，则不可以用人，不可以教人。"对人的认识与评价，最忌以点带面，以偏概全，抓住一点，不及其余；更不能求全责备，以一时一事的成败论英雄。

人才是相对某个方面而言的，人有长处，必然也有短处，某方面的长处往往是以某方面的短处为代价的，若求全责备，世上则无可用之才。天才和全才人间少有，追求人的完美无瑕只是一种不切合实际的愿望而已。

美国一位著名的管理专家说：倘要所用之人没有短处，组织至多只是一个平平凡凡的组织，所谓"样样都是"，必然是一无是处。才干越高的，其缺点往往也越显著。有山峰必然有河谷，谁也不可能"十全十美"。

识人时要有一个侧面的分析，找出其闪光点和不足的地方，权衡轻重。识人的目的是用人，所以，着眼点应放在一个人的长处上，注意力应集中在一个人的优点上。正如管理专家德鲁克所说："一个聪明的经理审查候选人时，决不会首先看他的缺点，至关紧要的是要看他完成特定任务的能力。"

钟会是三国时魏国一名重要的谋士。7岁时，他的父亲带着他和他的哥哥去见魏文帝曹丕。他哥哥见到皇帝很惶恐，汗流浃背，而钟会却从容镇定。曹丕问钟会的哥哥为什么出汗，他答道："战战惶惶，汗出如浆。"又问钟会为什么不出汗，钟会回答说："战战栗栗，汗不敢出。"

曹丕、司马懿都惊叹钟会的才华。换一个角度，如果从钟会的不流汗中看到的是"少有野心"，世上就难有可用之才了。钟会非但不能受到赏识，恐怕还是被压制和迫害的对象。

实际上，人各有所长，亦各有所短，只要能扬长避短，天下便无不可用之人。从这个意义上讲，管理者的识才、用才之道，关键在于先看其长，后看其短。一先一后，看似无所谓，其实十分重要。若先看一个人的长处，就能使其充分施展才能，实现他的价值；若先看一个人的短处，长处和优势就容易被掩盖和忽视。

尺有所短，寸有所长。人的长与短总是相对而言的。在此为长，在彼可能为短；此时为短，彼时可能为长，不能把人的长与短绝对化、凝固化。管理者对所用之人要知其长短，否则，就可能出现"乔太守乱点鸳鸯谱"的现象，或扬短避长，变人才为庸人；或因瑕掩瑜，埋没人才。

所以，对人才的优缺点，特别是他们的"短"与"长"，都要做辩证地解析，只要管理者善于全面地认识人才，给他们发挥特长的机会，那么在工作的过程中，他们身上的短处就会转化为长处，从而成为一名不可多得的人才。

找到你最需要的人才

美国著名的西华公司（原名萨耶·卢贝克公司）的创始人理查德·萨耶是做小本生意起家的，他的事业发展到后来那么兴旺，连他自己都感到吃惊。

他的成功之处在于他善于发现人才和使用人才。

萨耶最初的时候在明尼苏达州一条铁路做货物运输代理业务。做这种业务，有一件令人头痛的事情，那就是有时收货人嫌货物不好而拒收，收不到货款不说，还倒赔运费。萨耶是一个善于动脑筋的人，不多久，他就想到了邮寄这种方式。

出乎意料的是，这一方式竟然非常成功，于是同行都纷纷仿效，大有超越他这个创始人的势头。萨耶意识到必须扩大规模。可扩大规模就得增加人手，去哪里找这样的人呢？

在一个月光皎洁的夜晚，这个人出现了。

他叫卢贝克，到圣保罗购物，没想到迷了路，徘徊在夜色中。

这时，萨耶正好也在月光下散步，他冥冥中觉得这个人会是他的事业伙伴，于是邀请他到自己的小店中休息。

两人一见如故，一席话竟然谈了个通宵。卢贝克非常欣赏萨耶的经营思路，萨耶万分激动，盛情邀请卢贝克加盟，两人一拍即合，“萨耶·卢贝克公司”就在那个夜晚诞生了。

两个人搭档使生意突飞猛进，他们开辟了多种经营渠道，突破了运输代理范围。

他们的生意越做越大，却发现自己已无力管理好公司，因此就想找个人帮他们管理，但是过了好长一段时间他们都没找到合适的人。

突然有一天，萨耶下班回到家时，看到桌子上放着一块妻子新买的布料。

“你要的布料，我们店里多得很，你干吗还花钱去买别人的呢？”他有点不高兴，因为他经营的小店确实有很多同样的布料。

“这种布料的花式很特别，流行！”妻子说。

“就这种布料，也能流行起来？它不是去年上市的吗？一直都不好卖，我们店里还压着很多哩。”

“卖布的这么说的，”妻子说，“今年的游园会上，这种花式将会流行。瑞尔夫人和泰姬夫人到时将会穿这种花式的衣服出场。这可是秘密哦，你不要告诉其他人。”

萨耶感到有些好笑，所谓的流行，不过是卖布的骗人谎言罢了，抬出当地的两位贵妇人，也不过是促销手段罢了，想不到他这样精明的商人，竟有一个这么轻易上当的妻子。

“你真的不能说出去哦。”妻子又强调。

萨耶摇摇头，没当回事，也没有打听那个卖布的人是谁。甚至当萨耶店里积压的那种花式的布料被人买走时，也没有引起他的注意。

到了游园会开幕那一天，果然如妻子所言，当地最有名望的两位贵妇瑞尔夫人和泰姬夫人都穿上了那种花式的衣服，其次是他妻子和其他极少的几个女人穿了，那天，他的妻子出尽了风头。

更奇特的是，在游园会上，每一个女人都收到一张宣传单：瑞尔夫人和泰姬夫人所穿的新衣料，本店有售。

这哪是什么新衣料啊？但萨耶突然开窍了：这一切，都是那个卖布的商人安排的！手段可不同凡响啊！

第二天，萨耶和卢贝克带着宣传单，到那家店去，想看一下那个商人到底是谁。远远的，他们就看见那家店被女人们挤得水泄不通。等他们挤进去时，却看到一张招贴：

“新衣料已售完，新货明日运到。”

那些妇人害怕第二天买不到衣料，都纷纷预付衣料款。伙计一边收钱，一边还假意说：“不收了不收了，怕明天到的衣料不够。”

其实，那种布料自去年以来，一直是积压货，整个镇上多得不得了——当然，已经全部集中到那个神秘商人那里去了。商人故意说明天才到货，不过是刺激跟风的女人们，让她们快些交钱，不要挑三拣四罢了。

萨耶和卢贝克一下子对那个商人佩服得五体投地。

“这个人就是我们要找的人，不管他长得高矮胖瘦，不管他是老是少，也不管他是男是女！”萨耶说。

但当他们见到那个商人时，却不禁哑然失笑：那个商人竟然是他们的老熟人路华德——经常和他们做生意的人。

由于没有深交，他们对路华德没有什么印象，可这回仔细一瞧，竟觉得路华德身上具有一种强大的吸引力。萨耶和卢贝克意识到，路华德如今的生意虽然做得比他们两个的小多了，但这个人的才能在他们两个之上，如果不能成为伙伴，日后必然成为他们最强大的对手。

寒暄之后，萨耶和卢贝克开门见山："我们想请你去做我们公司的总经理。"

"请我？做总经理?"路华德简直不敢相信这个事实，因为萨耶和卢贝克的生意在当地做得太好了。

路华德要求给他三天时间考虑，因为他自己正做着生意，面临着选择。

"当然可以，"萨耶说，"不过，这三天内，你得保证不能到其他公司工作啊。"

"那是肯定的，"路华德笑了，"我还没有那么火，不会有人找我的。"

事实上，萨耶的担心一点也不多余，因为他们刚刚离开，就有两家化妆品公司登门邀请路华德加盟了。

路华德也是一个守信之人，因为萨耶有言在先，他拒绝了那两家化妆品公司。

出身于市井小店的路华德对萨耶和卢贝克深怀感恩之情，工作十分投入，很快做出卓越的成绩。他和萨耶、卢贝克一起奋力拼搏，公司业务蒸蒸日上，10 年时间，公司营业额增长 600 多倍。

后来，公司更名为西华公司。

如今的西华公司有 30 多万员工，主营零售业，每年营业额高达 70 亿美元，在美国零售业中，属于一流成绩了。

技能、知识很容易被教会，而才干则不容易被教会。不同职业和岗位需要的才干各不相同，作为企业的管理者，要想成就大事，就必须找到有才干的人使其为己所用。

用人要合乎原则

安排、任用人才是管理者的基本职能，就是说会用人是管理者必须具备的能力，是衡量管理者是否成熟、是否称职的重要标志。作为一名管理者，要想正确地用人，首先需要了解一下用人的一些基本原则。

（1）正直原则。正直是指管理者在解决下属的问题时，要坚持公平性、合理性的原则。管理者是否公道，对下属的积极性有着非常重要的影响。正直原则要求管理者要对下属一视同仁，不能有亲有疏、有厚有薄。

（2）充分信任。用人不疑是用人的一条重要原则，同时也是一种强大的激励手段。信任原则要求管理者要充分信任下属，大胆放手使用。

（3）激发和鼓励。管理者对下属进行激发和鼓励，能够充分地挖掘出下属的潜力，开发其能力，使其自觉地、最大限度地发挥积极性和创造性，在工作中做出更大的成绩。

（4）适时交流。交流是管理者通过正式的或非正式的形式，与下属进行的思想沟通。它是一种在上下级之间传达思想、观点、情感和交换信息的社会心理过程。

（5）分层管理。分层管理就是管理者按组织层次进行指挥、进行管理。只有按级负责，一级抓一级，才能实现有效的管理。如果不按层次，经常越过直接下属去指挥管理，就会越俎代庖，影响直接下属的工作积极性，从而影响工作，久而久之，还会影响上下级之间的关系。

（6）适当施压。适当施压就是管理者要通过采取各种措施，给下属造成一定的压力，促使其积极而持久地工作。

(7) 鼓励竞争。管理者鼓励下属之间开展竞争,引入竞争机制,有利于提高下属的素质,有利于激发下属的内在动力,有利于各项任务的完成。

管理者应当树立以竞争求发展的观念,采用竞争的机制推动工作的完成。用人上的竞争是通过工作竞争锻炼、培养人才,而不是让下属相互之间争夺职位。竞争必须贯彻公平、公开、公正的原则。要加强对竞争的引导,防止竞争的消极面,防止互相拆台和内耗。

(8) 认真考评。考评就是采用考察、民主测评等定性、定量相结合的方法,对组织成员的德、能、勤、绩进行评审和鉴定。管理者对下属的考评是必不可少的,这既是管理者的工作职责,又是管理者用人的一门重要艺术。

用人不疑

信任和尊重能给人一种安全感和精神上的特殊鼓励,并由此使人产生一种竭力完成任务的责任心。一般说来,人在受到信赖时,就会有快乐和满足的感觉,特别是对那种犯过错误、有过失误的人给予足够的信任,就会使其产生受到尊重和信赖的愉悦,从而对社会、对前程充满希望,对生活充满激情,并由此迸发出比平时高出许多的积极性、主动性来。

但是,如果用人半信半疑,则会使人心灰意冷,从而表现出应付或消极的态度,当一天和尚撞一天钟,严重的甚至与管理者消极对抗,或者另谋高就。

一般情况下,凡是有才华的人都有较强的自尊心、自信心、成就感和荣誉感,都有独立处理问题的能力和解决问题的方式。因此,使用这种人才的要诀之一,是予以充分信任,让他们在职责范围内独立负责地处理问题,开展工作。

与用人不疑相反的用人态度就是用人生疑。在许多敌对双方的政治斗争和军事斗争中，三十六计之一的离间计，常常被敌对双方推崇、使用，目的在于制造对方内部的相互猜疑和不信任，运用此计谋攻陷城池往往事半功倍。

堡垒是最容易从内部攻破的，一方中计，内部生变，从而不战自溃。一个强大的集体，由于成员对种种流言蜚语缺乏识别的眼力和分析的本领，从而引起彼此的猜忌和矛盾，最终导致组织解体，这种教训是惨重而深刻的。

要做到用人不疑、疑人不用，应该注意以下几点：

第一，要慧眼识英才。选拔人才，必然要独具慧眼，多加考察，充分认识下属各方面的素质，综合评估他的能力，给下属安排适合的职位。因此，人才选拔至关重要，它是日后用人不疑的前提与保障。

第二，要给下属自由发挥的空间。因为管理者了解下属、信任下属，才叫他担当某一职务，负责某项工作。既然是这样，就应当对下属放心，放手让他去干，除在宏观上指导外，不要随时随地指手画脚，使下属无所适从，完全变成木偶；更不要让下属站在一边"歇凉"，自己去辛辛苦苦做下属应当做的事，这是费力不讨好的愚蠢的做法。

第三，设身处地为下属着想。下属有时会与管理者意见不一致，有时也可能不接受管理者分派的任务，有时也可能对管理者分派的任务完成得不好。这时千万不要认为下属是不服从管理，是不合作，是没有本事。下属也是人，也有思想，也有情绪，也要受到主客观条件的限制，管理者要冷静下来，替下属着想，认真地心平气和地摸清状况后再作决定。

第四，要坦诚待人，表里如一。管理者应与下属时时沟通思想，有话当面交谈，切忌背后乱说下属的怪话、坏话。另外，受管理者信任的人往往遭人嫉妒，是流言蜚语攻击的对象。对于挑拨管理者与受信任者的流言蜚语，管理者更应谨慎对待。

一句话，对于一名管理者来说，信任是网罗人心、推进上下关系的一大法宝，如果管理者能够选择出可以信赖之才，并对其充分信任，那整个组织必是一片生机，关系融洽。

因势用人的智慧

古人云："三代之际，非一士之智也。"意思是说，在不同的阶段，需要不同的人才提供不同的智谋，如此才能更好地应对时变，只靠某一个或某种类型的人提供的智力支持，是远远不够的。因势用人，应时势的变化而起用不同类型的人才，形成不同的智慧资源，这是用人艺术最精微，也是最玄妙之处。

孔子曰："道千乘之国，敬事而信，节用而爱人，使民以时。"在管理学上，"使民以时"可以引申为用人应该把握时间，做到因势用人。在因势用人这方面，汉高祖刘邦可谓是做到了极致，他通常能根据不同的时期与形势、不同的人才特点采取不同的用人策略。

在基业未定时，刘邦依靠韩信、萧何、英布等人的辅助，东征西讨，屡战屡胜，最终打败项羽，建立西汉王朝，即史书上所载"居马上得之"。此时的刘邦，对于所谓"迂腐"的儒生是不屑一顾的，并曾对儒生作出"解其冠，溲溺其中"的行为。

西汉建立后，刘邦对儒生依然十分排斥，一谈到诗书礼乐便心生厌恶。大臣陆贾深通世变，偏偏时常在刘邦面前提起《诗经》和《尚书》，弄得刘邦很不耐烦，大骂道："老子我提三尺剑，于马背上得天下，要《诗》《书》有何用!"

对此，陆贾则反驳说："您于马背上得天下，难道就说明您也要在马背上治理天下吗？在古代，商汤王和周武王反对暴虐待人，顺应了天下民心，依靠文人武将共同治理国家；而吴王夫差和中山国的智伯凭借着武力称霸天下，但却不懂得权变，最终因随意使用武力，不断发动侵略战争而败亡。秦国只依靠刑法治理国家，不懂得随着时势的变化而作出改变，最终灭亡。

如果当初秦国在统一天下以后，遵循先圣的教诲，实行仁义的政策，您又怎么能够将秦国收归己有呢！如果您还于马背上治理天下，恐怕也不会长久啊！”

听了陆贾的话后，刚刚获得天下不久的刘邦又是惊讶，又是后怕，自己不懂得审视权变，意识不到用人、用术要随时势而变，差点酿成大错。此后，刘邦开始大量起用儒生，帮助自己治理天下。

“马背上得天下，不能马背上治之”，争天下与安天下有别，在用人时，自然要遵循不同的方法。刘邦之所以很快地转变自己的用人策略，正在于他明白打天下和治理天下需要不同的人才。

其实，当今企业在用人时可以参考刘邦的因势用人之道，做到随时而变、顺势而发、因势用人，即根据企业发展中的不同情况，不同人才的个性特点，择其应变自如、能临机解决问题者任之，这样才利于企业的顺利发展。

现代企业用人也是如此，一定要灵活机动，把握好“势”，只有这样才能合理地分配任务，使员工在一个愉快、轻松的氛围中把工作做到最好。

二流人才也是人才

唐朝大臣韩晃有一次在家中接待一位前来求职的年轻人。此人在韩晃面前表现得不善言谈、不懂世故、脾气古怪。介绍人在一旁很是着急，认为肯定无录用希望，不料韩晃却留下了这位年轻人。韩晃从这位年轻人不通人情世故的短处之中，看到了他铁面无私、耿直不阿的长处，于是任命他“监库门”。年轻人上任以后，恪尽职守，库亏之事极少发生。

清代有位将军叫杨时斋，他认为军营中没有无用之人。聋者，可被安排在左右当侍者，可避免泄露重要军事机密；哑者，可派他传递密信，一旦被敌人抓住，除了搜去密信，也问不出更多的东西；腿瘸者，宜命令他去守护炮台，可使他坚守阵地，很难弃阵而逃；盲者，听觉特别好，可命他战前伏在阵前听敌军的动静，担负侦察任务。

韩晃、杨时斋的用人故事说明了短中蕴长的道理。在现代社会中善于用人之短的领导也大有人在。用人只要得当，扬长避短，偏才们又何尝不能起到全才的作用呢！

对于人才的标准，领导都能达成共识。比如说，工作主动积极，具有远大的志向，具有创新精神，具有顽强的工作作风。但是，在真正选择人才时，领导很快发现，人的个性是千差万别的，这些美好的品质很难集中在一个人身上。多数人具有工作所需要的某种优点的同时，也存在着一定的缺点，这使领导感到很为难。

人的成长受多种因素的影响和制约，必然有优点也有缺点，从一定意义上说，一个人如果没有缺点，也就没有优点。古代有一首歌谣唱道："骏马能历险，犁田不如牛；坚车能载重，渡河不如舟。舍长以就短，智者是为谋；生才贵适用，慎无多苛求。"

事实上完美的人是没有的，也正是这一缺陷考验着每一位领导用人的才干：一个不合格的老板，只会用人之短，而不会用之人长；一个优秀的老板，则会用人之长，而不过分关注人之短。

全才难得，偏才易寻。企业领导不要把用人的目标局限在寻求全才上，而忽略了对偏才的使用和改造。其实，偏才的合理利用也能起到全才所不能起到的作用。一般说来，偏才有着鲜明的偏执方向：有的偏于言，有的偏于行，有的偏于谋，有的偏于干，等等，不一而足。

用人之长、容人之短，是企业选人用人的一个重要原则。唐代陆贽说："若录长补短，则天下无不用之人；责短舍长，则天下无不弃之士。"

实际上，长处和短处之间并没有绝对的界限，许多短处之中蕴藏着长处。如有人固执、不随和，但他同时必然是有主见，不会随波逐流的人；有人办事缓慢、不灵活，但他同时往往是有条有理，踏实细致的人；有人性格孤傲、我行我素，但他可能是个有创意的人。

人之长处固然值得发扬，而从人之短处中挖掘出长处，由善用人之长发展到善用人之短，这是用人艺术的精华所在。有些公司领导，让爱吹毛求疵、不讲情面的人去当产品质量监督员，让一些喜欢斤斤计较的人去参与财务管理，让爱道听途说、传播小道消息的人去当信息员，让性情急躁、争强好胜的人去搞销售……结果，变消极因素为积极因素，大家各尽其力，公司效益倍增。

一位教师已经41岁了，刚从外地调回北京，一直没有找到对口单位。一家私营公司在众多应聘者中录取了他。与许多人相比，他回京后一直受失业困扰，如果录取他，他会很珍惜这次机会的。年龄大点，反而更踏实，来个研究生说不定哪天就“飞”了。学历虽不高，但他吃过苦，有实践经验，进步不会慢。后来，他果然成为公司的业务骨干。

这位教师显然不是一流人才，从年龄、能力各方面来看都不尽如人意，但这家私营公司却破格录取了他，而他最后也真成了公司骨干。

每个单位都有一些条件稍差的职员，管理者千万别把他们当累赘，只要把他们放在适当的岗位，他们就是人才，就是企业的财富。应当提醒的是，领导要注意对偏才进行教育和改造，磨磨棱角，使他们更能适应单位的要求。

其实，改造偏才的棱角如同择菜一样，要弃其短处，扬其长处。管理者的高明之处，就在于长中见短，短中见长，无论长与短都能合理地安排他们，使各类人才优缺互补，相互协作，加强企业的力量。

第七章　举荐贤人，提携成长

贤人首先要有好品行

我们都懂得一个道理：出身高贵的人未必德行高尚，出身卑贱的人也未必品行卑劣；出身富贵的人未必知识富有，出身贫贱的人也未必才识拙劣。在人类历史上，曾经轰轰烈烈干出一番事业，作出贡献的人才中有不少都是出身低微的“卑贱者”。因此，出身并不能反映一个人的品德才能，更不能决定他的一生。

管理者必须打破传统观念，以自己的眼光和需要去观察人才，考验人才，这样才能有所作为。相反，如果只是用教条的思路评判下属，那无疑给自己堵死了一条活路，更谈不上求贤若渴了。事实证明，学历主义、论资排辈和唯出身论是影响用人的三大误区。要正确识人用人，要注重其实际能力。

在考察能力的同时，一定要注意对品行的考察。孔子说：“一匹马的可贵之处在于它的德性，而不在于它的力量。”孔子借对马的评价，给我们树立了一个标准。对一个人孰优孰劣的评判，不在于他长得怎样，甚至也不单看他是否具有过人的才华，而在于这个人是否具有良好的品德。在孔子的心目中，“唯德是举”应成为我们取才的科学依据。

“唯德是举”比起“唯才是举”来说有更大的好处，尽管德才兼备的人才是每个企业家孜孜以求的，但是这样的人才毕竟很少。当只能在“德”与“才”之间选择的时候，选择“德”

会比选择“才”要稳妥得多。有人会说“唯德是举”容易漏掉一些真正有才华的人，但是一个有才无德的人若占据公司的重要位置，那么他将会给公司带来毁灭性的灾难。

因此从这个意义上来讲，人品重于泰山。这是一个不容商议的话题，德行的重要性我们每个人都有所体会。必须是一个人品良好的人才能获得同事的好感以及上司的赏识。不要指望依靠自己的一点小聪明来敷衍工作、糊弄公司，这样做的后果只会让你追悔莫及。

在美国，企业非常注重培养员工的“职业道德”。例如，微软在雇用员工的时候，列在第一位的考察标准就是职业道德。与智能水平和经验等因素相比，微软认为职业道德是最为重要的。“只有雇用到值得信任的员工，我们才会给予其充分的自由度。”

微软公司前副总裁李开复曾面试过一位求职者。这个人在技术、管理方面都相当出色。但是，在谈论之余，他表示如果李开复录用他，他甚至可以把在原来公司工作时的一项发明带过来。随后他似乎觉察到这样说有些不妥，特别声明：那些工作是他在下班之后做的，他的老板并不知道。这一番谈话之后，李开复就再也不肯录用他了。

事后李开复说：“不论他的能力和工作水平怎样，我都不会录用他，这种人缺乏最起码的职业道德。如果雇用这种不讲信用的人，谁能保证他不会在这里工作一段时间后，把在这里的成果也当做所谓‘业余之作’而变成向其他公司讨好的‘贡品’呢?”

道德是一种职业的操守，是你承担某一责任或者从事某一职业时所表现的职业精神。世界上很多顶级的CEO都把品德作为用人的第一标准，把职业道德作为企业文化中的重要组成部分，或者把职业操守作为员工对于企业的一种精神理念，用来增强整个企业的凝聚力。

所以管理者在选择员工时，可以是英雄不问出处，但一定要看重品行。

管理人员重于一切

管理人员开发的重要性，无论如何强调都不过分，然而企业却常常因为这样或那样的原因而忽视这项工作。对管理认识上的误区，制约了企业在管理人员开发上的实践。

这里的误区主要有两个：一是迷信个人经验，不把管理当科学。这些人认为，那些被任命为主管的人以及晋升到管理职位的人，即使缺乏领导能力，也可以通过工作获得所需要的技能，并且可以凭个人经验正确行事。

二是不了解管理者和被管理者在素质和能力结构上的要求差别很大。常常有企业把精通技术的专家选拔到管理岗位上，如挑选最优秀的业务员当业务主管。可是，做出这种选择所依据的技能，对管理人员而言只具有部分的价值。要使其胜任管理工作，必须开发出其他能力，如决策能力、组织协调能力、人事能力等。这种开发工作，只靠管理者个人的自学和摸索是远远不够的，必须接受专业机构、专业人员所提供的专业培训。

中国企业在技术上落后，在管理上更落后，急需一大批懂得市场经济的基本规律和企业管理的基本规范并了解最新理念的管理者。因此，管理人员的开发在中国具有突出的重要性。

管理人员开发常见的类型有以下几种：

1. 在职开发

大多数管理人员的开发是在工作中进行的。放手让他们工作，在实践中积累经验，增长才干。他们可以对下级进行实地考察，下级也可以反过来对他们评头品足。他们能够独立地显示出潜在的领导能力。

这种开发方式的优点有二：一是不会使替补训练的人员产

生不切实际的奢望；二是不会打击那些未被推荐晋升的人的积极性。

这种开发方式的弊病有二：一是训练和开发不系统、不全面，也不严格，上一代人掌握的知识难以有效地传授给下一代；二是这种非正式的在职训练昂贵、费时、效率不高，往往以工作的损失为代价。

除非是企业规模小或情况紧迫时，企业一般不会只依赖于这种方式去开发管理人员。

2. 替补训练

把一些工作较为出色的管理人员指定为替补训练者，除原有责任外，要求他们熟悉本部门上级的职责。一旦其上级离任，替补训练者即可按预先准备接替其工作。如果其他上级职位出现空缺，替补训练者也可填补之。

这种方式的优点是：由于是为晋升做准备，因此其训练积极主动；在正式接任后，受训者可较快地适应新的工作。

这种方式有三个明显的缺点：第一，渴望晋升但又未被选为替补训练者的人可能感到自己前途渺茫，积极性下降；第二，已经等候不少时间的替补训练者可能变得垂头丧气，特别是当他们看到空缺被其他部门的替补训练者填补时更是如此；第三，某些上级唯恐被取而代之，不向可能的取代者传授他们的所有知识和技能。

3. 短期学习

管理人员开发的一种流行方式是短期强化学习，即把管理人员集中数天乃至数月，按照明确规定的科目训练。企业可以将短训项目委托给专业协会、大学或专业公司举办，有能力的企业也可自办。

这种开发方式的突出优点是管理人员能全力以赴地进行学习，学习有针对性、有深度，效果较好。其缺点是管理人员脱离工作一段时间，会对工作产生一些影响。

4. 轮流任职计划

这种方式的基本做法是，安排主要的和有培养前途的管理人员轮流任职。通过轮流任职，可达到以下3个方面的目的：

(1) 管理人员将逐渐学会按照管理的原则，从全局而不是某一职务方面来思考问题。

(2) 帮助管理人员确定他们愿意进行管理的职务范围，同时也便于上级确认他们适合工作的岗位。

(3) 企业的高级职务可以由对不同部门的问题有广泛了解的更有资格的人担任。

轮流任职的缺点是工作不够稳定。

高管开发的关键

一项针对12家大企业高层管理人员开发活动的调查结果表明，这12家企业对高层管理人员开发过程的有效和无效特征的看法高度一致，特别是75%以上的参加调查者都列出了5个主要的成功标准。这5个关键因素如下：

第一，最高经营管理者要广泛而直接地参与开发活动。12家企业都将CEO广泛而直接的参与作为高层管理人员开发计划成功“必不可少的”和“独一无二的、最重要的、决定性的”因素。这种广泛参与有助于保证企业的高级管理人员开发活动与其CEO所希望看到的企业发展方向保持一致。同时，它也能使这个活动具有以其他方式所不能取得的可靠性。

第二，企业要有清晰、便于理解的高层管理人员开发政策和哲学。换言之，就是应当围绕清晰的哲学和目的来开展高层管理人员开发活动。例如，在被调查的12家企业中有10家列出了4个共同的高层管理人员开发目标：首先，确保当前和未来工作得到合格的高层管理人员；其次，使企业的传统永远不朽，并形成传达其使命、信念、价值观和管理惯例的文化的主要手段；再次，通过为管理人员提供其承担未来工作所必需的经验、知识和技能，使他们能够适应不断变化的环境中复杂的经营问题；最后，培养个别骨干以承担高级综合管理职责。

第三，成功的高层管理人员开发政策和战略直接与企业的经营战略、目标及面临的挑战相联系。12 家企业中有 9 家强调它们有意识地将高层管理人员开发政策及战略与企业的经营规划及目标联系起来。例如，海外业务发展计划、发展多种新生产线或合并生产业务等在管理、经营能力开发活动中都有反映。这种成功的计划都是围绕企业的规划来设计开发活动的。

第四，成功的高层管理人员开发活动包括 3 个主要因素：即每年的接班计划，有计划的在职开发活动，企业内部特定的经营管理教育计划加上选用的某些大学教学计划。被调查的企业一致强调指出，没有以上这 3 个组成因素，开发计划就不可能成功。而且这 3 个组成部分——接班计划、开发活动以及特制的计划三者不可分割，加在一起构成一个完整的高层管理人员开发过程。

在接班计划（关于可以让哪些人去替补哪些职务空缺的计划）方面，这些企业都开展了一些特殊的活动，这 12 家企业都重视人员安置计划并用它来有效管理关键职位和人员，不断确定开发需求（根据这些人员安置计划），制订并实施开发计划以满足这些开发需求，重视通过正式的年度性计划和评审阶段来评价每个候选人的进步，对企业的人员安置计划做出评估。

例如，在 KPMG（毕马威会计事务所）的“2000 年的领导者”开发计划中，让学员列出作为管理者所需要的几个品质后，每一名学员还要拟订一个计划来讲清自己有待提高的几个方面的品质，然后与培训师讨论这些计划，由培训师帮助他制订学习计划，推动他提高自己的技能。

所有参与研究的企业一致认为，在职开发（即第二个组成部分）是企业可利用的独一无二的最有效的开发手段。最常用的4种在职开发方式是：让人们以小组成员身份形成一个工作小组，就具体问题给予指导；为期1～2年的工作轮换；派往海外任职；安排任期较短的临时工作任务。

在第三个组成部分，即经营管理教育计划方面，这些企业都实施了一种企业外部大学教学计划与企业内部特定计划相结合的方式。虽然所有企业都选送员工去企业外学习，但这种方式成本高昂，令企业担忧。

第五，高层管理人员开发是业务管理部门的职责，而不是人力资源部门的职能。所有被调查的企业都认为人力资源部门极其重要但只是参谋咨询部门。

具体来说，就是人力资源部门人员或培训工作人员是这种高层管理人员开发活动的促进者，是帮助业务管理人员考虑采用什么开发计划和活动以及如何利用这些计划和活动的参谋。而实现高层管理人员开发计划目标的实际职责，即为未来职位选择递补人员，或克服目前管理能力的不足等，则是业务管理部门和人员的职责。

赢在管理者培养

说到开发员工去担任更高级的管理职务，小型企业的总裁既有独特的优势，又面对独特的困难。从困难方面看，他没有充分的资源或时间可用于开发完善的管理接班计划，或投资有潜力的管理人员去哈佛商学院学习企业外开发计划。但同时，与较大的、个人色彩较淡的企业CEO相比，小型企业的总裁又具有能更紧密地接触和更深入地了解其每个员工的优势。

尽管资源比较缺乏，但小企业总裁最需要的还是开发高级管理人员。因为对于大多数拥有成功产品的小企业来说，不是资金缺乏，而是管理人才缺乏阻碍其进步。这是因为所有成长中的企业都必然会到达这样一个阶段，那就是企业家/企业所有者不再能独自做出所有决策了。

对于大企业来说，接班人计划和管理人员的问题，在很大程度上就是选拔最好的人才然后对他们进行培训的问题，正是源源不断录用的新人保证了这些企业人才的充分供应。而对于小企业来说，问题一般就不是选拔最好的人才，而是确认关键岗位有人任职，总裁要有先见之明，知道在什么时候放弃对企业经营的部分控制权。

因此，小型企业的管理人员开发过程主要有 4 个步骤：

1. 问题评估

在这里特别要强调的是，要进行管理人员开发，首先要对企业目前的问题以及企业所有者对企业未来的设计进行评估，并以此作为起始点。显然，如果企业所有者/企业家对该企业目前的规模感到满意并且不打算退休的话，那么可能就不需要增加管理人才。

另一方面，如果计划要求扩展，或者目前的问题看来越来越超出控制能力，那么管理人员开发/接班计划可能就是关键。例如，随着小企业从夫妻店经营向较大企业发展，过去企业所有者感到适用的管理制度就不再有效了，出现了许多前所未有的问题，如原来可以赚钱的加工任务单现在却产生加班费用和超额浪费，非正式书写的指令不再能跟得上订货量等。

在这个时候，总裁就必须从确定是否需要新人才、何时需要新人才出发，不断地对自己的企业进行评估。

2. 管理评价

小企业中管理人员开发之所以非常重要的一个原因在于，第一步中所评估的问题只是小企业管理人才不足的症状。企业所有者或企业家不能直接用经营管理 50 万元规模企业的方式去经营管理一个 500 万元规模的企业，才是企业管理人才缺乏的主要问题。所以，缺乏适当的管理是导致许多成长中的小企业发展受阻问题的常见原因。

因此，小企业可以以在第一步中发现的问题为起点，对现有的帮助总裁管理企业的人进行管理评价。进行这种评价的一个简单而有效的方式是，根据传统的管理职能（计划、组织、人员配备、领导和控制）对他们进行评价。

例如，在他们各自的职责领域里，他们是否制订了使其活动得以有效推行的计划、政策和程序？在组织活动的时候，他们是否为其下属提供了工作说明书并使下属理解他们自己的职责？在人员配备方面，他们是否挑选到能胜任工作的员工？这些员工是否得到了适当的引导和培训？他们管辖范围内的工资比率是否被认为是公正、公平的？在领导方面，他们部门的士气是否令人满意？他们的员工看来是否喜欢各自的工作？他们与团队中其他成员的人际关系好不好？在控制方面，他们是否撰写过一份报告，能让企业管理人员得到适当的信息，以评估该部门的工作？

3. 开发需求分析

第三步是确定是否能通过什么类型的开发计划补救在第二步中所发现的不足之处。一个极端是，这个人可能没有潜力改变自己的现状，在这种情况下开发可能没什么实际目标。另一个极端是，所发现的问题可能只反映出其缺乏知识。在这里，另一个要回答的问题是，企业所有者或企业家本人是否要对一些问题负责？是否要让自己去参加某一管理开发计划（或者完全退出企业管理）？

以上三个步骤的分析可以促进招募和选拔管理人才的需求。企业所有者应当事先确定要任用管理人才的智力、个性、人际关系能力及经验标准。企业所有者还应当设计出为这些人才提供从事有关管理工作所需经验的在职开发计划。

风格确定培养方法

在一些高科技公司里，许多中高层管理人员是由技术骨干提拔的。但这些人员没有管理经验，这就需要人力资源部门协助他们尽快成长为合格的管理人员。

根据《管理风格架构》一书中的描述，管理者的领导风格依重视人际关系及重视工作业绩的程度分为5种类型，分别为：放任型，温情型，专制型，中庸型，综合型。针对管理者领导风格的不同，应采用不同的开发方法。

1. 放任型管理者的开发

放任型管理者的最大特点是对人际关系不关心，加强他的责任心是训练的重点。可以采取以下措施：

(1) 人力资源部经理与其进行单独沟通，讨论如何加强管理者的责任心问题。

(2) 促使他每周主持召开部门例会，由下属向他汇报工作，并由他给下属安排工作。

(3) 上级适当向其下放权力，增强他的职权，促使其增强责任心。

(4) 上级增加他汇报工作的频率，并重点让他汇报下属的工作表现和思想动态。

2. 温情型管理者的开发

温情型管理者的最大特点是能够与大家和睦相处，但对工作业绩却不够用心。开发时可采用以下措施：

(1) 人力资源部经理与其进行单独沟通，讨论如何提高部门的业绩问题。

(2) 上级发现员工存在的问题，责成他对下属进行批评，以改变他的“老好人”形象。

(3) 上级在对其布置工作时，要着重强调该项工作的重要性，让其制订出详细的工作计划。

（4）上级要经常抽查该部门的工作进度。

3. 专制型管理者的开发

专制型管理者的最大特点是“除了工作还是工作”，对下属管理过严，缺乏与下属的友善交往。为改善专制型管理者的工作作风，可以采取以下措施：

（1）人力资源部经理与其进行单独的沟通，讨论如何与下属交往的问题。

（2）上级以目标管理的方式进行管理，较少干预他的工作过程。

（3）上级在让他汇报工作时，重点让他汇报下属的思想动态。

（4）当下属生病时，提醒他向下属表示慰问。

4. 中庸型管理者的开发

中庸型管理者较前面三种管理者更称职一些。他既能完成工作也能与下属保持良好的关系，但他最大的缺点是工作没有创新。为培养其创新意识，可以采取以下措施：

（1）人力资源部经理与其进行单独的沟通，讨论如何向上级提出工作改进建议。

（2）上级应经常与其讨论工作中的问题，鼓励他大胆提出自己的见解。

（3）上级对他的合理建议要积极采纳，并及时给予表扬。

5. 综合型管理者的开发

这种类型的管理者是比较称职的，一般来讲，人力资源部门无须对其进行太多的培训，只要放手让其工作，自然会有满意的结果。

从许多高科技公司的实际情况看，技术人员成为合格管理者的现象很多，一些公司的老总就是技术人员出身。在需要时，人力资源部门要做的工作就是识别技术人员属于什么管理类型，有针对性地进行开发，从而达到管理岗位的要求。

谁有本事就用谁

大唐帝国这一宏伟大业的实际开创者唐太宗，不但以他高瞻远瞩的高超谋略打下了唐室江山，留下了“浅水原大战”“虎牢关大战”等经典战例，而且他在治国用人方面也取得了巨大的成就，开创了流芳百世的“贞观盛世”。这巨大成就的取得在很大程度上是和他卓越的用人策略分不开的。可以这么说，若没有唐太宗的善于用人就不会有大唐几百年的帝业，就不会出现空前繁荣的“贞观之治”。那么，唐太宗的用人方略到底是什么样的呢？

魏晋南北朝时期，国家君王一向采取从士族地主里选拔人才的方针，甚至一度形成士族垄断政权的局面，以致成为禁锢人才发掘的一项弊政。对此，唐太宗力求整顿前朝在用人上的过失，匡正为得，把眼光转向更广大的范围，采取了士庶并举的方针。例如，他在当政时不但非常信任士族地主高士廉、长孙无忌、杜如晦等人，还曾物色起用有才能的庶族人士马周。

贞观三年，唐太宗鼓励百官上书直言政事得失。中郎将常何不善文墨，于是请门客马周代替自己写了二十多条建议。常何上奏后，这二十多条意见中竟然每一条都十分符合唐太宗的心意。对此，唐太宗感到很惊讶，认为其中必有蹊跷，因为常何乃是一介武夫，不通文墨，什么时候竟然修得如此远见卓识。于是追问常何原因，常何据实相告，唐太宗感到马周的确是一个贤能之才，随即宣旨召见他。当马周迟迟未到时，唐太宗又“四度遣使催促”，显示了他对这个素未谋面的布衣人是何等的重视。在与马周见面交谈后，唐太宗十分高兴和满意，马上授予其门下省的官职，最后又将其调为中书令。

马周的发家史很传奇，他既没有裙带关系可以供自己攀附，又没有资荫关系可供自己借用，全靠着唐太宗的一颗求贤若渴的心，才有了马周的高官爵位。如果不是唐太宗自任伯乐，慧眼识英才，像马周这等人才很有可能就淹没于人群中了。

国家君王从官中选官，并不是一件稀罕的事，但能够把网罗人才的视野从高高在上的贵族转向民间的老百姓的君王则为数不多，唐太宗是其中的佼佼者。

一方面，唐太宗不以人的身份背景、地位尊卑为选择的条件；另一方面，唐太宗还十分懂得唯能者用的用人原则，提倡谁有本事就用谁。

一次，唐太宗给功臣们封官赐爵。他让人先宣读自己事先写好的名单，并说："若谁有意见，请尽管向我提出来。"

唐太宗的叔叔李神通自认为为唐王朝立下了汗马功劳，而且自己又是皇帝的叔叔，在众大臣中，应该是自己的功劳最大。但他一听到自己排在后面，心里就极为不服气，对唐太宗说："当初，是我首先起兵响应您，跟随您东征西杀，为您夺得皇位立下了大功。可您今天怎么好像把我的功劳全都忘记了似的，竟然将我排在房玄龄、杜如晦这些人的后面！与我们这些在战场上誓死为国家拼杀的人相比，他们有什么功劳可言？不过就是舞文弄墨、乱写乱画罢了！"

唐太宗笑了，说："叔叔您虽然首先举兵起义帮助我，可是您忘了，您后来还打了两次大败仗呢！房玄龄、杜如晦他们出主意，定计策，帮我取得了天下，论功劳，理应排在您的前面啊。您虽然是我的至亲，可是我不能徇私情加重对您的封赏啊！那样的话对其他大臣来说就太不公平了！"听皇帝这么一说，李神通也就不好说什么了。

过了一会儿，房玄龄说："秦王府里的旧人都是皇上的老部下了，那些没有升官的，难免会有一些怨言。"

对此，唐太宗说："国家之所以设立官职，为的就是选拔有才能的人才，替老百姓办事。在这上面，绝不能以新旧分先后。新人有才能的，就要升官赐爵；旧人没有才能的，当然不能提拔。要不然，国家的事情怎么能够处理好呢？"

长孙无忌是唐太宗年轻时的好朋友，又是长孙皇后的哥哥，有才能又曾立过大功，唐太宗就任他为当朝宰相。长孙皇后知道了，怕别人说闲话，就劝唐太宗不要给哥哥那么高的官职。

“你这样想有些不对。我任用你哥哥，是因为他有做宰相的才干，不是因为他是我的亲戚。”最后，唐太宗还是坚持让长孙无忌做了宰相。

以才能为准绳，谁有本事就用谁，这是唐太宗用人的根本原则，也正是凭借着这一原则，唐太宗获得了许多贤能之才，为自己治理国家提供了源源不断的智慧。

唐太宗这几件事办得非常好，值得后世领导者借鉴。他用人，就用有才干、品德好的，不管那人跟自己个人的关系怎么样。其实，在现代管理实践中，企业领导者也应当有这方面的意识，以才择人，而非以人择人，或凭借其他的一些外部条件择人。只有这样才能够选择到真正令自己满意的人才，而不会空抱怨人才匮乏、人才难求了。

让下属自己去解决问题

作为管理者，当下属遇到问题不能解决时，你不妨结合自己的经验告诉他们一些方法，这样会使你的下属对你感恩戴德。我们可以告诉他：“如果是我，我将这么做……你呢?”以类似的做法来指导下属，不但可保持自己的立场，也可将意见自然地传达给下属。下属甚至极可能会认为管理者是站在自己的立场上考虑问题。这样，管理者说服的目的便达到了。

假如管理者将自己的方法强加给下属，那么你的下属除了服从，将无所适从。另外，对下属而言，只要服从管理者的指示，自己根本不必费脑筋思考，反倒轻松。然而，事实上，管理者直接给出自己的方法，毕竟无法让下属真正学到工作的实际技巧。如果管理者能够指出多种方法，让下属自己有机会加以思考，下属一方面会认为管理者是给自己面子，另一方面则将提高他对上司的信赖感。

在对下属的工作进行必要指导时，必须注意说话的方法、语气可能给下属带来的心理影响。例如，可强调：先考虑对方的立场，让对方了解我们的利益也就是他们的利益。如此指导工作就可事半功倍，何乐而不为呢？

众所周知，演讲与讲课是不同的。在大学讲课，主要任务在于传授知识，只要有知识，人人均可以上讲台。然而，演讲则不然，为了使自己的思想能与听众沟通，必须“制造”刺激。换言之，就是在他们想学习的心态上点燃学习的火花。

对于每一次与别人的交往，人们都有这种感觉，即与人对话并不难，难的是要使对方理解自己所说的意思。就是说，要让对方用耳倾听并不难，要让对方用心思考则不是易事。在教导他人时，必须划清二者的界限，才能达到预期的效果。

很多犯了错误的员工或下属就很难将上述两者分清，并且告诉他的上司，这样一来，下属就会把自己的全部知识和想法告诉对方。例如，向他们指出：过失的原因在于此时此地发生此事，经由某作用而产生某影响，所以我们应该如何做。如此就变成讲课了。话虽然进入对方耳中，但却不是对方真正需要的东西，因此无法吸收，很容易将之遗忘。

要解决这些问题，最好的办法就是明确地指出他的过失所在，但是上司最好不要教导下属如何去做以及防止问题再度产生和追究过失的方法。让对方有自我思考的余地。当对方能自己思考，却又无计可施时，自然会发问：“这里该怎么办？”此时再给予适当的意见，才是最合乎实际的指导方法。

许多管理者为了提高工作效率，往往希望以最简单的方式将知识传达给下属，而不让下属自己去思考。如此将无法培养出优秀的下属。这一点，管理者必须提高警惕。

第八章　合理搭配，力求周密

有效分配最佳机会

德鲁克认为，最好的机会一定要搭配最有能力及绩效最好的人才。在最有能力的人才手上，机会才能发挥最大效用。受他的影响，通用集团前首席执行官韦尔奇将自己的工作实质定义为“向最优秀的人才提供最合适的机遇，最有效的资源配置”。

比尔·盖茨始终认为，微软的命运是由创新性产品决定的，而能否开发出高技术产品，关键在于有没有具有非凡创造力的人才，同时能不能为他们创造一个好的工作环境。微软公司负责招聘人才的凯瑞·泰比特说：“招揽具有非凡创造力的人才是我们的最高原则。”因此，微软更加注重招聘顶尖人才。

微软不仅需要计算机领域内的顶尖人才，他们还把选聘顶尖人才的范围扩展得更大，雇用了不少远远超出 PC 机领域的各类专家，其中包括哲学家、语言学家、民族音乐学家、电影特技专家等。盖茨说：“如果要在软件开发上继续取得成功，我们还必须更多地理解外部世界，并从中汲取营养，使微软公司继续发展。”言外之意，他们要在创新机会上搭配最顶尖的人力资源。

将最好的机会、最关键的岗位、最重要的职责留给最有能力的人，这是优秀企业的一贯表现。

1978 年 7 月 13 日，李·艾柯卡被亨利·福特二世赶走。克莱斯勒公司董事长约翰·里卡多力邀艾柯卡加盟克莱斯勒公司，但李·艾柯卡却是有条件的。他当第二把手的时间已经太长了。假如他接受克莱斯勒公司的工作，不出一两年一定要当第一把手，否则就不干！

这就是李·艾柯卡进克莱斯勒公司的平等谈判的要价。这不仅是由于他与亨利相处的经验而让他不得不这样做，虽然那也是原因的一部分，这也是因为他需要有完全自由的行动才能使公司现有的状况转变过来。李·艾柯卡认为：除非我在管理方式上拥有完全的权力，我的政策才能付诸实施，否则，我去该公司之举就将成为一种人们受到挫折时所常采取的传统做法。在这一点上，李·艾柯卡有自己的办事原则。

在他的印象里，里卡多要他当总裁，自己当董事长。但当他告诉里卡多他的要求时，他发现自己想错了。“听着，”里卡多说，“我不打算干下去了。这里只能有一个领导的位置。如果你到我们这里来，那领导就是你。”里卡多知道自己的使命，那就是将拯救克莱斯勒的机会给予最有能力的人，艾柯卡是他眼中最好的人选。

在亨利·福特解雇艾柯卡时，包括解雇费在内，福特汽车公司要给他 150 万美元。但是有一条很重要，福特汽车公司约束性很强的合同包括一项竞争性的条款，它规定如果他到另一家汽车公司工作就将丧失拥有这笔钱的权利。“不要为此担心，”里卡多决心已定，他说，“我们会全部给你的。”

李·艾柯卡没有辜负里卡多的期望，成功地使克莱斯勒起死回生，重振昔日雄风。

作为企业领导者，为了企业的长远发展和远大前程考虑，应该有里卡多这种主动让贤的胸襟与气魄以及甘愿退居幕后的牺牲精神，在最好的岗位上搭配最有能力及绩效最好的人才，让更有活力、更有才华的人引领企业跟上时代发展的新潮流。

选对人才能做对事

无论是什么样的事情，如果想要获得一个理想的结果，必须派合适的人去做，否则，将可能因不合适之人的失误而使一切功亏一篑。

范蠡功成身退来到齐国，经过几年的艰苦创业，积累了丰厚的财产。齐国国王听说他很有才能，于是设法请他做官。范蠡认为做官总不是长久之策，于是在广散财产后隐居到定陶。后因其头脑聪明，经商又一次取得了成功，积累了上亿财产，人称陶朱公。

陶朱公定居在定陶时，他的二儿子在楚国杀了人，被关进了大牢。陶朱公知道后说："杀人者死，这是本分。不过我听说千金之子不会在大庭广众之下被处死。"于是就命令自己的小儿子带了千镒黄金去楚国解救。就在小儿子要出发时，陶朱公的大儿子死活不同意自己的弟弟去，他对陶朱公说："父亲大人也知道这个道理，家里出了事理应由长子出面解决，父亲今天不派我去，就是对我不信任，说明我不孝顺，那我活着还有什么意义呢！"于是一头撞向墙壁，被陶朱公一把挡住了。

这时范蠡的妻子也说："今天你派小儿子去，未必能够救回二儿子，却先把大儿子给气死了，至于这样做吗？"最终，陶朱公被母子俩闹得实在没有别的办法，只得派大儿子去了。临行前，陶朱公写了一封信给在楚国居住的老朋友庄生，让大儿子带着信直接去找庄生。他又再三叮嘱大儿子，到了后不论任何事情都要听从庄生的安排，切忌与其发生争执。大儿子爽快地答应了，自己又私自带了几百镒黄金放在身上以备不时之需。

大儿子到楚国后找到了庄生，发现庄生穷得一塌糊涂，房前屋后杂草丛生。他于是按照父亲的交代，把千镒黄金交给了庄生。庄生听说了他的来意后，便叫他马上离开，还叮嘱他即使他的弟弟给放出来了，他也不要问什么原因。然而，大儿子虽然表面上听了庄生的叮嘱，但他看到庄生的那一幅穷相，并不相信他能够办成这事，于是自做打算留在了楚国，并把私自带来的黄金献给了楚国的一位权贵，以求门路。

这个庄生虽然生活贫困，人却非常正直，在楚国朝中非常受尊重。至于陶朱公送来的千镒黄金，他其实并不想接受，只想着等事成后再还给他，于是让妻子给暂时保存了起来。但是陶朱公的大儿子却并不知道庄生的真正想法，还以为把黄金给庄生这样穷酸的人没有任何用处。

庄生接到陶朱公的委托后，专门找了一个合适的机会对楚王说："据我长期观察，某一个星宿移动到某个位置，对楚国会有危害。"楚王向来很相信庄生的话，便向庄生寻求解决的方法。庄生说只有做好事才能够将这个危害消除。楚王表示明白了，当即命令侍卫去将钱财物资的府库严密封起来。

接受陶朱公大儿子贿赂的那名权贵听到这个消息后，非常高兴地对他说："楚王就要大赦天下了。"大儿子不明白，权贵解释说："按照惯例，楚王每次在大赦天下前，都要先把府库封起来，因为怕人乘机在大赦前抢劫府库，而昨晚楚王已命令封闭府库了。"大儿子想到楚国即将大赦天下，那么他的弟弟自然也会被放出来，如果是这样的话，那千镒黄金岂不是白白给庄生了？想到这里心里便有些不乐意，于是立刻去见庄生，想要把那钱给要回来。

庄生见到大儿子后非常惊讶，忙问他怎么没听自己的劝告赶紧离开，谁知大儿子却十分不客气地说："我当然不会离开了，当初我是为了弟弟的事情有求于你，才将千镒黄金送给你，但现在弟弟的罪马上就要自动赦免了，我看……"庄生立刻明白了他的意思，于是马上将千镒黄金还给了他。大儿子高兴异常，心想没有花钱就救回了弟弟，父亲怎么也得夸夸自己呀！

可令他想不到的是，他的做法大大激怒了庄生，庄生一气之下又去见楚王说：“我上次所说的有关星宿的事情，楚王说要用行善的方法来消除危害，这最好不过了。可是前两天我在街市上看到很多人都在议论这样一件事，说定陶的一位名叫陶朱公的富人，他的儿子杀了人被关在楚国的大牢里，他的家人拿了许多钱财贿赂了王的大臣，所以都说王并不是为了体恤民情而进行大赦，而是因为陶朱公儿子的缘故。”

楚王听后勃然大怒，说：“胡说八道！我虽然不敢自称什么明君，但怎么会因为陶朱公儿子的缘故就特别施恩大赦天下呢？”于是命令左右马上将陶朱公的儿子杀掉，然后才下达大赦天下的旨意。陶朱公的大儿子最终只得带着自己弟弟的尸首回家了。

进了家门以后，家人个个都非常悲痛，唯独陶朱公一人没有什么异常。家人不解，陶朱公说：“我早已知道他这一去必定会将他弟弟杀死的！之所以这么说不是因为他不爱他的弟弟，而是因为他舍不得花钱！他小时候就同我一起经商，对谋生的艰难深有体会，所以不舍得轻易花钱。而小儿子呢，在他出生的时候，我们家里已经很富裕了，他几乎没吃过什么苦，不懂得挣钱的艰辛，所以不会像他大哥一样吝惜钱财。我原来打算让小儿子去，就是因为他舍得花钱。而大儿子是绝对不舍得的，他去十有八九会带着他弟弟的尸首回来，这是合乎常理的，没什么好悲伤，我本就是日日夜夜在等着丧车的到来！”

救人也好，管人也罢，如果想要使一项任务得到圆满的执行，首先必须派遣合适的人才去做，只有如此才能够使任务达成，否则只能眼睁睁地看着事情朝着相反的境况发展，最终功亏一篑。故事中的陶朱公深深明白在救人上自己的小儿子最合适不过，所以派小儿子去，但最终拗不过大儿子的苦苦相逼，才勉强答应大儿子去，结果大儿子领了一具尸首回来，实为可惜。若在开拓市场时派遣了错误的对象，那么，得到的恐怕也是失去市场的结局。

权衡优劣以求互补

唐太宗时期之所以会出现人才数量上的高峰，关键是有唐太宗这个大“伯乐”识得千里马。而“伯乐”唐太宗的人才观是：人心难测，人才更是拥有千百种性情，在这种情况下，有效识人、驭人、组建优势组合的团队结构才是领导者用人成功的关键。

三国时期，魏蜀吴三方争霸天下，成就了中国历史上一个精英汇集的大时代；而在唐朝初期，各路群雄同样争霸，也成为中国历史上另一个人才辈出的时期。由此我们不禁要问，为什么生逢乱世总是精英汇聚，又为什么天下英才都愿为唐太宗所用？其实关键在于，唐太宗懂得观人之长、察人之短，把人才放在合适的位置上，使其优势组合，发挥团队最大效益的道理。

唐太宗登基伊始，整个朝廷结构都处于初建与调整之中，如何才能把众多贤能之才分别放在合适的位置上，以组成一个最合理、最有效的组织结构呢？唐太宗为此寝食难安。经过一番观察和思考，他最终作出了如下安排：

魏徵这个人凡事好与人争辩一番，常把谏诤之事放于心中，根据这一特点，唐太宗就任命他为谏议大夫，其具体职责是专门向皇帝提意见。至于房玄龄，他做事有一个显著的特点就是孜孜不倦，知道了就会立刻去办。根据这一特点，唐太宗就任命他为中书令，其具体职责是掌管国家的军令、政令，阐明帝事；入宫禀告皇帝，出宫侍奉皇帝，管理万邦，处理百事，辅佐天子而执大政。这些职责正契合房玄龄“孜孜不倦”的特性。李靖是个文才武略兼备之才，外出能带兵，入朝能为相，于是唐太宗就任用他为刑部尚书兼检校中书令，其具体职责是掌管全国的刑法和徒隶、勾覆、关禁的政令，这些都有利于李靖才能的发挥。由此，魏徵、房玄龄、李靖三人共同主持朝政，相互取长补短，发挥了各自的优势，共同构建起了唐王朝的上层组织机构。

除此之外，唐太宗把房玄龄和杜如晦进行合理搭配，组成了一个名扬千古的谋略班子“房谋杜断”，从这件事上也反映出了唐太宗善于打造最佳组合的管理方式。名相房玄龄辅佐唐太宗 31 年，是贞观时期的第一名相，但在史书上却几乎看不到记录他政绩的文字。原因是房玄龄属于“谋臣型”，在唐太宗的人才库中，他精于谋略，但总是低头默默行事，从不会主动宣扬自己的功劳，甚至连进谏时也要与人谦让一番，把自己所有的功劳全部归于皇帝。拥有房玄龄这种性格的人，喜欢掩饰自己的欲望，做事追求十全十美，遇到需要拿主意的问题时，容易犹豫不决。因此，在谋划安邦定国之策时，房玄龄见解精辟，一般很快就会提出许多精辟的见解和具体的办法来，但是，他对自己的想法和建议不善于整理，总是很难决定采用哪一个办法。针对房玄龄这种个性特征，唐太宗就找来另一位名相杜如晦与他做搭档。杜如晦虽不善于思考问题，但善于对别人提出的意见进行周密的分析，精于决断，什么事经他一审视，很快就能变成一项决策、律令，提交给唐太宗，成为有执行力的谋略。最终，“房谋杜断”的互补，成为唐太宗稳坐江山的关键。

世界上没有完人，一个人不可能做到面面俱到，即使我们日常所说的“全才”，也只是相对而言。任何人才作用的发挥，都离不开人才群体的整体效能。人才不是孤立存在的，因此，进行合理的优势组合，是发挥每一个人才应有作用、发挥团队最大效益的关键要素。

真正优秀的领导者，不仅要看到单个人才的能力和作用，更重要的是要组织一个结构合理的人才组合体，将不同类型的人才进行合理搭配，并把他们放在最合适的位置上，相互启发，相互协作，形成一个有机的整体，通过这样合理的优势组合结构来弥补单个人才的不足之处，以求达到人才最佳效能的有效发挥。

这个道理在古今都适用。

在一家外服公司做总经理的顾家栋，是国内人力资源领域的权威专家。他把企业员工分为三种人：第一种人是执行力强的人，他们遇到事情往往直接去做，从不考虑后果，也不会考虑办不成事该怎么办；第二种人是空想家，他们永远在衡量得失、谋划，就是不实施行动；而第三种人则既不执行也不谋划，但他们往往对企业内部消息、人际关系特别在意，也喜欢四处散播消息。对第一种人，顾家栋形容其为“没脑子”——不可以用，第二种人是“胆小鬼”——也不可以用，至于第三种人，更是被批评为游手好闲。说到这里，可能很多人会认为顾家栋的想法有些极端，不禁要问如果一个企业内部就这三种人存在，而这三种人又都不能用，那企业还怎么用人呢？

对此，顾家栋也有自己的想法。他认为，一个企业领导者之所以觉得人才难得，主要不是因为人才太少，而是领导者缺乏识人和团队组合的意识。试想一下，如果让第一种人去策划部门工作，那么企业战略的行动细节他很有可能会理不清楚，让第二种人到第一线去做销售，他的执行能力很有可能让他完不成任务，但是如果把两者组合起来，让他们的位置互换，那么工作效果肯定会很不一样。至于第三种人，可以把他们变成企业的“润滑剂”、企业的沟通部门，有时甚至可以成为领导者了解企业内部情况的工具。

从数学上讲，一加一等于二。可是用在人才的组合上，如果组合合理，一加一可能就等于三、等于四……甚至更多。然而，如果组合不当，一加一则可能会等于零，甚至是负数。所以，企业管理者管理人才，不仅要考虑他们的能力和才华，更要考虑其个性及长短处，做到优势组合，以便搭建出最合理的人才“房屋”，发挥人才最佳的效能。

其实，总体来说，领导者用人不仅表现在人才的量的多少上，而且还在于其人才的优势组合与搭配上。在一个拥有众多人才的企业中，不仅要有个体的优势，更需要有最佳的组合结构。“全才”是极少有的，“偏才”占绝大多数，但“偏才”组合得好，就可以构成更大的“全才”。优秀的领导者不苛求全才，他们尽力去做的是将一个有效的人才群体，通过合理的优势组合，使其迸发出新的巨大的集体力量。

适合是选才的第一原则

选用人才，能力固然是首先要考虑的，但一个人的能力必须与相应的职位相结合，这就是用人中的适合原则。用人不能只看能力大小，更要看其适不适合某一职位。最好能做到人尽其才，既不大材小用，也不小材大用。

在唐太宗李世民的用人思想中，能力与职位的匹配问题也一直是他关注的重点。他明确提出，要根据实际能力降职使用或提拔，根据能力加以任免，既不允许能力低下者长期混岗，也不容许大材小用、浪费人才的现象存在。

贞观二十年二月，刑部侍郎空缺，李世民要执政大臣“妙择其人”，执政大臣们提了几个都不能使其满意，于是他想起李道裕是一个坚持实事求是的人——在处死张亮的问题上，李道裕力排众议，仗义执言，说：“亮反形未具，罪不当死。”这种不惧嫌疑的作为，证明了李道裕为人的原则性，李世民深有感触，于是委任李道裕为刑部侍郎。

贞观二十年六月，李世民欲赴灵州招抚敕越诸部，要太子随行，少詹事张行成上疏说：“皇太子从幸灵州，不若使之监国，接对百僚，明习庶政，为京师重镇，且示四方盛德，宜割私爱，俯从公道。”李世民甚觉妥帖，提拔张行成担任了较高的职务。

而贞观十一年，李世民对治书侍御史刘洎在上书中提到的废除“国戚制”、唯才是用、唯贤是举意见的赞同并大力推行改革，则更具有说服力。

刘洎的建议主要针对尚书省而言，他在上书中说：“尚书省是个日理万机的机构，它是处理国家事务的关键部门，因此，寻求尚书省众官员的人选，授予官职，确实是件有难度的事情。一旦官吏任免出错，被不称职的人占据了，那就会牵一发而动全身，危害巨大。”

他这么说是有原因的。原来，尚书省的诏敕总是拖延滞留，公文都在案桌上堆满了还不能及时得到处理。为此，刘洎大胆地指出：

贞观初年，国家还没有设尚书令、左右仆射等官职时，尚书省的事务非常繁杂，比现在多出一倍以上。当时任左右丞的戴胄、魏徵二人都很通晓官吏事务。他们本身胸怀坦荡，品性刚直，大凡遇到应该弹劾检举之事，无所回避。百官懂得自我约束，朝中弥漫着一种庄重严肃的气氛，这都是因为用人得当的缘故。到杜正伦任右丞的时候，也比较能勉励下属。而到了近来，国家的一些重要法纪已不能正常执行了。因为功臣和国戚占据着要位，才不符职，而且彼此又倚仗着功劳或权势相互倾轧。在职的官员，大都不遵循国家的法律准则，虽然有的也想奋发努力，但是一遇到讥谤就害怕得不行。这是尚书省官员效率低下的根源所在。

改变这一现状，刘洎认为，需要选拔众多的优秀人才并授予官职，而且必须非才莫举，精心选任尚书省的左右丞及左右郎中。如果这些重要职务的官员选任真正做到了才职相称，就能消除积弊，国家的法纪就会得到完善的实施。

其实当时李世民对尚书省的效率低下也有所闻，这份上书，句句说到了他的心里。于是，奏章上奏不久，李世民就任命刘洎为尚书省左丞，全力地支持他，让他在那里放手工作，清理积弊。

领导者要根据人才的性格特点用人，让合适的人处于合适的位置上，使人尽其能，有效地发挥每一个成员的最大作用。

物尽其用、人尽其才是每一个管理者都孜孜以求的，这涉及一个人才及岗位价值的最大化问题，与企业用人标准密切相关。蒙牛集团老总牛根生在谈到这点时说："从人本管理的角度看，人人都是人才，就看放的是不是地方，这是一个人岗匹配的问题。这就像木头，粗的可以做梁，细的可以做椽，浑身疙瘩的还可以做柴火……人也是这样，不同的岗位有不同的人才需求，不同的人才有不同的岗位适应性。"

牛根生的话充分体现了"合适第一"的标准。管理者在选拔或培养人才时，重在把他放在或帮助他寻找与其能力相匹配的最适合的岗位，以便发挥他们的最大价值。

建立互补型团队

哲人说："完美本是毒。"事事追求完美是一件"劳民伤财"的事情，尤其对于企业管理来说，这是执行中的大敌。很多管理者总是抱怨自己的手下能人太少，恨不得自己的下属个个都变成能杀能闯、能文能武、有勇有谋的"良将"。但中国有句古语：金无足赤，人无完人。世界上本就没有十全十美的人，又怎么能够要求拥有完美的员工？何况，完美型的员工属于"能人"，他们的特点是个人英雄主义，重个人，轻团队，最终会增加数倍的管理成本，而结果极可能是得到了一个并不满意的结果。

其实在企业管理中，管理者应该关注的不应是某个人的力量，而是团队的综合实力。在一个团队中，每个人都有他的长处，作为管理者，如果你能很好地掌握他们的特点和优势，把他们放到最能发挥其作用的位置上，你就会发现，你得到了一个完美的“互补型”团队，并且，你的工作变得卓有成效，你的员工对你尊重并拥护。

在一次战役中，由于战争的需要，临时招募了各行各业的人参军打仗。战役的将领临时编制了一支小分队，命令其驻守在一个小岛上。他们当中有大学教师、机械工程师、政府机构的办事员，也有泥瓦匠、小饭馆老板、裁缝铺的学徒，还有消防队员、小提琴手、汽车修理工，等等。一到岛上，他们就行动起来了。有的用捡来的木条、干草搭起了简陋的帐篷，有的用自制的工具支起了炉灶，还有的忙着施展烹饪手艺，人人都施展自己的拿手戏，在各自擅长的方面尽情地发挥。一顿丰盛的晚餐过后，还举办一场热闹的晚会，大家有说有笑，有唱有跳。

几天过后，小岛遭到敌人的攻击。在枪林弹雨的战场上，大学教师和小饭馆老板便显得手足无措，失去了用武之地，而消防队员和汽车修理工则能够临阵不乱，熟练地使用手中的武器，对敌人进行了狠狠地打击，完成了守护小岛的使命。

以上的例子中，大学教师虽然受过高等教育，掌握着最多也最权威的知识，但在打仗的时候，却毫无用武之地，而只念过几年书的消防队员却可以在战斗中勇猛杀敌。这就是所谓未在其位，能力就不能得以施展的道理。对于企业管理者来说，团队就好比上述的那个小分队，由各色各样的人组成，他们都有自己的特长优势，身为领导者，最大的职责就是对下属的特点、能力，甚至个人的性格做到了如指掌，做到唯才适所，使员工内在的潜力得到充分的发挥。

知名企业家马云认为：“现实中最完美的团队是《西游记》中的唐僧团队，他们的成员都非常普通。唐僧是一个好领导，他志向远大，有很强的使命感和原则性。他要去西天取经，谁都改变不了，不该做的事情，他也坚决不做。

“而孙悟空这种员工比较像现代企业管理中定义的‘野狗’。

他们是公司最‘爱’的也是最‘讨厌’的人。他有极强的工作能力，却也多少有些“无组织、无纪律”的个人英雄主义，并且非常情绪化。

“在这个团队中，猪八戒的角色也很重要，他是这个团队的润滑剂，虽然他看上去‘很反动’，但是他非常幽默，没有笑脸的公司是很痛苦的公司。”

马云认为，唐僧团队中如果没有猪八戒，这个团队的精神风貌就会黯然失色。沙僧则是最常见的保守型员工，安稳踏实。另外，唐僧知道孙悟空太调皮，要管得紧，所以随时会念紧箍咒；猪八戒小毛病多，但不会犯大错，偶尔批评批评就可以；沙僧则需要经常鼓励一番。这样，一个明星团队就成形了。

对于任何企业而言，建设“互补型”团队，对企业的发展非常重要。很多企业过分重视个人素质、经验和成就，但是却很少考虑到每一名员工都必须在团队中工作，他的能力、优势、性格能否与团队的其他成员构成一种互补关系。对于某一特定工作而言，是不可能找到最理想的人选的，因为这种人根本就不存在。那么次理想的人选是什么呢？那就是能充分发挥自身优势，并和别人的优势相互补充的人，这类型的人能最大化地实现目标。

男女搭配，干活不累

吴霖是一家广告公司的设计师，自从他上班以来，他所在的办公室就清一色全是男士。吴霖是一位非常勤劳的人，他喜欢不断地工作，不断地想出新的设计思想。然而，最近这两年以来，他发现自己在办公室待得太久之后，经常会莫名其妙地产生一种无聊感、空虚感，而且白天很容易疲劳，创作与设计方面的灵感也似乎逐渐枯竭了。

然而，一个月之前吴霖所在的公司为吴霖的设计室聘来一位年轻貌美的美术学院毕业的女大学生。吴霖发现，只要有这位女大学生在办公室，他工作起来就特别有劲儿，设计东西也特别有灵感，而且他还会莫名其妙地产生一种欣喜感和兴奋感。

吴霖在女大学生来了之后产生的这种心理正是我们平时所说的“男女搭配，干活不累”。像吴霖一样，其实我们每个人都会有这样的亲身体验：和异性在一起工作总是会感到轻松愉快，不知疲倦。但这并不说明我们是好色之徒，这其中包含着科学和心理学的原理。

心理学家发现，“男女搭配，干活不累”的心理效应在男性身上表现得往往会更为明显一些。这主要是因为男性比女性更喜欢通过视觉获得有关异性的信息，如异性的容貌、发型、肤色、身段等外部特征都易引起他们的极大兴趣，并会对他们的感觉器官产生某种程度的冲击作用，使他们感到愉悦不已。

另外，心理学家还发现，男性在女性面前的表演欲望要比女性在男性面前的表演欲望强烈得多，而表演欲望和表演行为本身会刺激人体产生更多的神经传导物质多巴胺。多巴胺是一种能引起人兴奋和能够增强人的动机的神经传导物质，人体内多巴胺水平的正常增高会使人感到活力无限和兴奋不已。

同样的道理，女性在男性面前也会有这种表演欲，只是没有男性在女性面前的表演欲强烈而已。女性的这种表演欲也能在她们体内引起多巴胺水平的变化，从而使她们的兴奋度提高，工作的活力增强。除了以上两个方面的原因以外，还有一个原因是不能忽视的，那就是男女在性格等诸多方面具有互补性，男女在一起工作会更充分地表现出这种互补性。假如女人和女人在一起工作或男人和男人在一起工作，就不能体现这种性格方面的互补性，工作的效率也肯定会受到一定影响。

除了心理和精神方面的因素以外，研究人员还提出了另外一种解释“男女搭配，干活不累”的理由。20 世纪 70 年代后期，科学家对外激素的研究兴趣日益增强，并发现了外激素活动对人及动物行为的影响规律。外激素是通过分布在人或动物皮肤或外部器官上的腺体向外释放的激素。这种激素一般都有明显的气味，而这种气味又非常容易被周围的异性接收到，并对他们的行为产生影响。

“男女搭配，干活不累”可归结为“同性相斥，异性相吸”的“异性定律”。在宇航员、野外考察人员等男性工种较单一的职业中，时间长了，其工作人员会产生一种莫名其妙的头晕、恶心和浑身不适感。这种状况用药物治疗往往无效，但在与异性接触后，就会很快得到缓解。原来，这种“病症”是性比例严重失调，异性气体极度匮乏的结果。

在一个群体中，有男有女，和单独一种性别的群体，有一些微妙的差别。无论男性或女性，长时间从事某一单调工作时，会感到寂寞、疲劳、工作效率低下等。而增添了异性后，这种情况马上会得到缓解，时间也感觉过得很快，工作也感到轻松多了，而且效率特别高。

在社会生活中，如果一些企业、单位能对异性定律进行合理的利用，可以让许多事情达到事半功倍的效果。异性在一起工作，往往有以下好处：

（1）取长补短，完善个性。男人一般性格开朗、勇敢刚强、果断机智，不拘泥于小节，不计较得失，行为主动。而女人往往文静怯懦、优柔寡断、感情细腻丰富、举止文雅、灵活、委婉，性格比较被动。男女在一起，能够进行优势互补，同时容易发现自己的缺点，并完善自己。

（2）增强推动力和约束力。人总是想在异性面前表现自己最好的一面，因为得到异性青睐是我们的巨大动力。这样男女在一起，就容易激发出各自最好的表现，各显其能，发挥出最大的能力，同时还会产生一种内在的心理约束力，来规范自己的言行。

（3）增强凝聚力。男女搭配，可以使一个群体的成员增强感情依托、荣誉感和凝聚力，从而提高工作效率。

建设互动型团队

好奇心是人类的天性，每个人生来都具有求知的本能，不过，在过去的企业组织中，这种本能常常被僵硬的组织结构和管理模式扼杀。今天，企业已无法承受停止学习所带来的灾难性后果，释放每个人的学习潜能是企业成功的必要条件。

海尔集团在1998年把“建设互动的学习型团队”作为其工作方针的重要内容，以此为基础，致力于把整个公司转变成学习型组织。张瑞敏指出，互动是形势的需要，也是市场竞争的需要。

如果在10年前，海尔也许不会提出这样的要求，因为当时的管理基本上还处于无序状态，人员素质也远远达不到现在的水平。那时，企业必须用严格的制度去管理，而员工也只能被动接受。如今，海尔员工已基本上从被动接受管理走向自主管理，仅靠严格的管理制度已不能使员工有更大的提高。

同时，市场竞争也要求互动。计划经济条件下，企业好坏与个人没有直接的利害关系，而在市场经济条件下，企业安危直接关系个人利益。另外，海尔的目标是进入世界500强，创中国的世界名牌。只有全体海尔员工都认同这个目标，才能产生有活力的员工和有合力的组织，从而实现大家共同的目标。缺少了互动，是无法实现既定目标的。

有位哲人这样说过，如果你是天才，凭借自己的想象力，也许可以获得一定的财富；但如果你懂得让自己的想象力与他人的想象力结合，就定然会产生大得多的成就。哈佛大学长期研究团体管理学习行为的学者阿吉瑞斯一针见血地指出：“目前团体学习效果不大，是因为大部分的管理者害怕在团体中互相追根究底的质疑求真带来的威胁。”

海尔认为，互动的关键在领导。

“没思路的领导不想互动，没控制力的领导不敢互动。”首先，领导没思路的互动是胡动，领导方向错了，无论部下互动是否积极，结果只能南辕北辙，这种互动不仅达不到调动每位员工积极性、达到共同目标的目的，相反，只会大大挫伤员工的积极性。因此，互动，领导首先要有思路。

没有控制力的互动是被动。如果出现被动，就会变成上下级之间的应付。被动的原因就在于领导缺乏一种“浓缩高压”的意志力。所谓“浓缩高压”，是指在做一件事情的过程中，不管遇到多少困难、意外与麻烦，都能够迫使自己和下属按时完成或提前完成任务的不妥协的意志力；面临涉及因素多、中间层次多而且复杂的活动时，逼迫领导者自己和企业其他所有人，抓紧最终落实工作和抓住最终结果的不妥协意志力。

互动的另一方是员工，员工是互动的主体。通过互动使员工相互监督、相互协作、相互帮助，使每一个班组、每一个车间、每一个工厂都建立互动型的学习团队。只有每个员工都“动”起来，每一个人才能逐渐变“大”，每一个班组、车间也才能逐渐变“大”……才能创造出“由小到大的美”。互动提高了海尔生产、管理的效率。工装发展部的王永新说：“以前需要一个班组 5 天干的活，现在 3 天就完成了。通过互动，大家的凝聚力、荣誉感更强烈了。”

第九章　量才适用，人人各得其所

接纳反对和犯错者

领导者不理解他人的个性，不能容纳他人的特点和要求，会使人与人之间的关系不融洽，甚至出现裂痕，带来严重的后果。《三国演义》里塑造了一个度量狭小的人物周瑜，他看似潇洒飘逸，而实际上却是气度狭隘、小肚鸡肠，不能容纳计谋高出自己许多的诸葛亮，最后落得个抚琴直叹“既生瑜，何生亮”，抑郁而亡。

历史证明，大凡成大事业者，都具有容纳反对自己的人的胸怀。东汉时期曹操打败袁绍后，把收缴到的部下通敌信函全部烧掉，一概不加追究。这种以德报怨的度量，换来了部下的拼死效力，成就了霸业。现代管理学认为，在一个团体中，如不加人为因素，对领导者存在着支持、反对和中立的三种态度，其比例一般为1∶1∶3，中立方往往视支持、反对两方的势力大小而表明态度。

因此，领导者应把主要精力放在争取、转化反对者身上。要做到这点，前提就是领导者要有宽阔的心胸，能够容忍和接纳反对者，使“对手”成为自己的助手。当然，这是一个持续不断的过程，容纳了一批反对者，又会出现新的一批，只要采取愉快的心情来接受挑战，就会成为一名成功的领导者。我们发现心胸宽阔的领导者能事先营造出让部属放手干事情、不怕出错的氛围，一旦部属出了错误，这种领导者还会首先站出来为部属承担责任。

世界最大的造船集团的总裁，为了使部属放手去做，无后顾之忧，常向部下表明“由我负责，失败了由我赔偿”。作为领导，当部下出了差错，如果因畏于上司责难，担心名利受损，而为自己辩解、推诿，以求明哲保身，既容易导致被人看作是无能的领导，丧失号召力和应有的威信，也容易导致部属缩手缩脚，生怕出事而消极工作。而勇于为部属承担责任的领导，恰恰表明了他的胸怀和度量。

领导者的宽容大度对追随者来说是一种强有力的感召力，是建立非权力领导力的重要因素。

容才比求才更难

俗话说，“宰相肚里能撑船”，这指的是，求才不易，容才更难。领导者应当有容才的胸怀、气魄和度量，容下各种人才，做到大度能容难容之士，海量能纳难纳之言。领导者在容人方面应该做到以下几点：

第一，能容忍曾经反对过自己的人。

第二，能容有缺点的人。领导者要有容人之量，必须能容有缺点的人才。因为人才虽有其长，也必有其短，而且常是优点越突出，缺点也越明显。如有的人恃才自傲，有的人不拘小节，有的人不注重人际关系，有的人有奇习怪癖。领导者对人才要用其所长，而在许多方面容忍他的缺点。

第三，能容不同意见者。作为领导者，要善于分析自己的不足，善于接纳他人的意见。因为作为领导者，必须知道，一个人的智慧是有限的，而只有能容不同的意见者，才能做到认识全面、理解全面，也就是通常所说的“兼听则明，偏听则暗”，要善于倾听持不同意见者的声音。

洛克菲勒曾在评价自己的班底时说：“我的班子由两种人组

成，一种是有才干的朋友，一种是有才干的敌人，敌人是过去的，而今天已经是朋友了。他们绝非乌合之众，庸碌之辈，他们全能独当一面。我无需面面俱到，我要做的只是统管全局，确定战略，他们每个人都是天才。我想，这就是美孚公司获得成功的原因。”这同样也是洛克菲勒家族获得成功的原因。

第四，敢容超过自己者。事业的发展，不是武大郎开店，找比自己更低的人。一个企业要发展，就应该招到贤良之才，作为一个成功的领导者，就应敢容超过自己者。有的人对比自己弱的人还能奖掖，而对和自己旗鼓相当，甚至可能超过自己的人就不敢奖掖，生怕动摇了自己的权威宝座。欧阳修明明知道苏轼将会超过自己，却大力奖掖，心甘情愿地“让他出人头地”，这种容才之量令人肃然起敬。

容人必须信人，容而不信，就成了“虚容”，是一种虚伪的权术，最终必为人们所识破。而一旦识破，必然会人心离散，甚至众叛亲离。如果宽容而又信任，则情况就会大不一样。因为，信任可以产生一系列重要的心理效应。它可以增强人的安全感，增强自信心，产生期待感，满足人的心理需要，强化下属的主动性和创造性。

不管从事什么行业，要想成功，领导者必须创造一种能使下属有效工作的环境，如果你在管理中损害他们的自由和自发感，只让他们关心细节，那是不够的，你必须彻底理解他们，给予他们自己需要的东西，才能使他们做出更大的贡献。

观察一下那些离开你的公司并在他自己的企业里获得成功的人，你会觉得他们离开可能并不只是为了金钱，他们需要的是发扬自己风格的机会，他们需要认同、信任、尊重和赞赏，一个企业的领导人如果这样做了，十有八九他们就不会离开了。

作为领导者，在利益、思想、方法方面，难免会与下属产生这样或那样的矛盾或冲突，其原因也是多种多样、不一而足的。

作为一名领导，如何处理好与下属的关系，让他们成为自己事业、工作上的好助手，而不是绊脚石，就需要掌握一定的方法和原则。

最重要的是学会团结下属，在前进的道路上同舟共济，一条心去克服遇到的困难。如果忽视团结的重要性，不去努力建立与下属的各种关系，不注意下属对你自身发展的影响，你很可能会自食苦果，你的下属也会炒你的鱿鱼。

作为一名领导，下属对你的议论会通过各种各样的途径传到你的耳朵里，你当然不喜欢这些议论，认为这是对你的贬低，甚至是诋毁。但若想让你的下属少说一些你的坏话，你就需要从自身来做起。

有一些下属的心胸比较狭窄，遇事总爱斤斤计较，嘀嘀咕咕。你只要一冒犯他，他立刻就会对你心存不满。你的行为如果让他受点气，他也会记在心头，三天三夜睡不好觉。作为领导者，对这种人要学会忍让，尽量不去触犯他。在分配工作任务时，不要单独直接分配给他，最好集体一块儿分配，让他明白分配任务的公平性、合理性，使他获得心理平衡，就不会因为任务的轻重不一而生出意见来。

但是，一旦下属的行为确实触犯了部门的利益，你就要按原则去办事了，和他诚恳地讲清道理，说明缘由，该怎么处理就怎么处理，千万不能姑息迁就。

当然，下属可能会大为不满，心存怨恨。这就需要你去做细致深入的说服安慰工作。如果他一味地不讲道理，不给你面子，你可以客气地停止对他的劝说工作，把精力转移到自己的工作上来，不去理他。部门的发展是首要的，切不可让一条鱼腥了整锅的汤。

赏识各种个性

领导者的包容根源于他对人的多样性的认识，对人的个性的尊重，对人的发展的重视，这是一种真正意义上的人本主义。人都是有个性的，但我们一度曾将有个性的人拒之门外。那种日子已经一去不复返了，而今，重视个性对经营的成功是至关重要的。

这一事实令思想不健全的领导者们大为不安。他们厌恶个性，并对其怀有极大的偏见。他们往往狂妄自大，觉得自己高人一筹，并且认为人天生就是不同的，也不可能平等。所以，他们往往很武断，从不对别人的观点加以考虑，尤其他们还固执地强调员工在工作中的一致性。而事实上，员工们追求的是保持自我，而不是一味地顺从领导者们的意愿。这就引发了在工作中频频出现的对抗及冲突。

与之相反，杰出的领导者非常赏识独树一帜的个性。他们认为人天生是平等的，但又是不同的，而且每个人都会做出各自不同的贡献。在这些领导者看来，每个人都是其周围的人的延续。因此，我们有权利使别人接受我们自己。

对于杰出的领导者来说，这些个体之间的差异不会给他们带来丝毫的威胁。事实上，他们乐于看到下属在工作中表现出非凡的才能及独到的见解。怎样驾驭及充分利用这些差异是对他们领导才能的挑战，这也是他们乐此不疲的事。

差异是商业经营中必须涉及的问题。公司需要各种各样的员工来为商业市场具有各种需求的用户提供服务，并为自己的产品开拓新的市场。那么，作为一名领导者，怎样才能创建这样的具有多样性的员工队伍呢？他应该首先自省，检查自己个性中是否存有偏见，是否胸怀宽大。杰出的领导者知道自身的偏见会影响他们的领导方法，他们会努力扭转自身的偏见使其不会成为阻碍领导机构的绊脚石。

这些杰出的领导者还竭力培养自己完整的人格——既具有男性竞争的特点，也具有女性合作的特点，了解并挖掘他们自身的个性会帮助他们更好地处理机构内部存在的差异。

杰出的领导者能够这样做是因为他们的想法与众不同。他们首先认为，人作为一个个体、社会的一员、世界的公民，都是在各自的人生旅途中。总的来说，我们都非常需要得到别人的尊重；我们都希望在工作中身心愉快，并且有展示自己的自由，不遭受任何歧视。只有在这个时候，我们才乐于为这个机构冒险，并全力以赴地工作。

普通的领导者在日常工作中遵循以下信条：勇敢地面对及抨击偏见，确保在工作和就业机会上平等，对主流社会以外的人加以特别的照顾，因为他们知道，这些人特别容易感到孤独。在这种氛围下，每个人，无论何种肤色、性别及生活方式，都有可能被雇用、提升及解雇。

为了确保这些方面得以实现，领导者采用吸引不同类型的员工、提供特殊的教育、建立他们之间的内部网络机构、为他们庆祝自己的节日等领导方法。但是，卓越的领导者的做法则更胜一筹。他们所做的远远超过只是容忍人的个性及建立相互尊重的氛围，他们所做的是把人的个性看作发明创新及萌发灵感的源泉。

只有当多样性成为每个人都关注的问题时，它才能真正地发挥作用。每个人在工作中都必须施展各自的特殊才能，重视他人的个性，支持共同事业的发展。

杰出的领导者格外地赏识员工的个性。当他的下属在工作中施展自己独特的个性及想法时，他会感到兴奋不已。企业面临的挑战就是寻求管理及驾驭这些个性的方法。

要做到这一点，领导者首先必须对多样性有广义的了解。他们为多样性下的定义应该远远超越年龄、性别、种族等几方面的差异，它还应包括生活方式、宗教信仰、工作习惯及个性等诸方面的差异。

优秀的领导者能够容忍别人的个性，不把别人的个性看作是一种威胁。他们知道，当今社会，人们更不愿意放弃自己的个性，屈从于机构。好的领导者能试着去接受员工的想法，站在员工的角度上考虑问题，并且允许具有个性的人发表自己的看法。

不同的人需要不同的领导方式。在当今世界，领导者用不同的方式去应付员工的各种差异是企业成功的先决条件。优秀的领导者知道，最终的成功要靠具有各种个性的员工联合起来，为机构的共同目标奋斗。有的时候又需要领导者坚持自己认为是正确的做法，即使有时这意味着要违背那些具有差异性的员工的想法。

老员工不是“废品”

“一朝天子一朝臣”，历史上如何处理老员工的问题是长期存在的。朱元璋对待开国元勋，毫不手软。到了他的孙子管理国政时，功臣几乎全部作了古。宋太祖赵匡胤，杯酒释兵权。老员工们的权力被剥夺了，领着俸禄颐养天年。

朱元璋的这种情况在现代企业，就表现为员工大换血，新上任的领导刚进门，老员工就永远消失了。而赵匡胤的做法比较平稳，不像朱元璋那样铁腕政治，但会给公司财政支出带来很大负担，一般的公司无力供养一帮闲老爷。

《资治通鉴》中的李世民，反其道而行之，“变废为宝”，留任了很多官员。魏徵最初是太子李建成的谋士，他对太子忠心耿耿，甚至几次建议太子先除掉李世民。但是太子没有听从他的建议。最后被李世民抢占了先机。成者王，败者寇，李世民上台以后，审问了魏徵。魏徵面不改色地说：

“要是太子当年听从我的建议，何至于今天这个下场!”当时在场的人都觉得魏徵不要命了，但是李世民并没有生气，反而重用了魏徵。

其实，留住老员工、培养老员工有诸多的好处。从直观来说，公司无须浪费金钱来招聘和培训新员工，而且现有员工也可以保持较高的工作效率，不必为等新员工迎头赶上而浪费时间。雇员保留服务公司的总裁赫克特说:“当公司不用花费无尽的时间来重新安置和培训新员工时，就更容易集中精力来进行创新和发展，而不是一直原地踏步。如果我们经常把时间花在重新招聘、培训新员工，重新建立员工关系上，我们就没有时间做那些重要的事情了。”

显而易见，保持各任职年限员工的稳定性有助于促成公司的成功。就像是唐太宗保留了隋朝的很多将领，国家实行少数民族自治一样，有助于新政权的稳定发展。那些经验丰富的员工，无论是在专业技能上还是在人脉资源上，都可以为公司创造很好的发展平台。

但是有人担心自己的老员工是一些“老朽”，可能没有什么发展空间了，其实不然。让他们接受跨部门培训，给他们提供条件考察、学习，他们获取的信息会比新员工更加多而且有效，因为以前工作中的经验教训都在心里面。

另外，老员工也可以指导和培训其他员工。这是对他们的经验的最好利用方式。在指导的过程中，资深员工能够感受到别人的欣赏，并获得新的视角，公司也得以成长。善待老员工也是对新人的一种激励——只要他们留下来长久地做，也会得到同样的待遇。如果“只闻旧人哭”，新人也难保有很高的忠诚度。

那么如何防止老员工出现厌倦情绪，并愿意服从自己的领导呢?

首先是“区别对待”。如果一个工作了5年的人和一个工作了1年的人待遇相当，老员工自然会感到不平衡。虽然现在是一个讲究绩效的时代，但是对老员工还是应该有不同程度的区别对待——可以在各种福利方面做文章，并且直接将它与资历挂钩。

另外一方面，也要针对老员工的生活情况适当地提高工作时间的灵活度，弹性工作制也是当下经常提起的话题。有的人不想做全职了，可以退一步做兼职。在经济危机来临的时候，可以向圈子里那些处境困难的老员工伸去橄榄枝，邀请他们回来一起“过冬”，这都是非常有人情味的做法。

一个真正优秀的领导，不害怕自己的主张被任何人质疑，如果能够处理好与老员工的关系，那么任何事情都可以迎刃而解了。

失败者也是稀缺资源

在商海中，巴菲特成为投资神话，无往不利。但是这样的人毕竟是少数，将其纳入麾下实为不易。但是有失败经历的人却有很多。对待失败的人，比尔·盖茨说：“近年来，微软有意聘用了一些曾在逐渐败落的公司里工作过的经理。当你的事业在走下坡路时，你就不得不发挥自己的创造性，夜以继日地潜心思考。我想让我们的公司中有一些经历过此境界的人，微软将来肯定会遇到挫折和失败，而我想要那些已证明了自己在逆境中能干得出色的人们聚在我们的麾下。”

马云曾说：“比起别人的成功经历，我更看重他的失败经历。”他自己也曾有过一段坎坷的创业道路。当他最早在国内到处宣讲他的“黄页”时，别人说他是骗子。当他喊出“要做全中国最好的企业”时，别人说他是疯子。当他执意要创办“全世界最伟大的公司”时，别人说他是狂人。

然而，他是中国第一位登上《福布斯》杂志封面的企业家。

他的阿里巴巴被评为全球电子商务第一品牌。“我研究过许多企业的失败，我不喜欢看成功经验，我喜欢看失败经验。”这一点确实与众不同，在人们挖空心思地琢磨成功人士的每一个生活和工作细节时，马云提出了这个独特的观点，他认为，花时间去学习别人失败的经验远比学习别人成功的经验要重要得多，“等你什么时候能看别人惨败的经验，看得一身冷汗，你就离成功不远了”。

可口可乐董事长罗伯特·高兹耶达说：“过去是迈向未来的踏脚石，若不知道踏脚石在何处，必然会被绊倒。”而确定踏脚石的位置，需要靠他人的失败经验来辅助。

史玉柱也是一个从负债两亿走向“巨人”的典型，他在电脑、保健品、网游等方面都利用了自己的失败经验，并且很诚恳地说：“投资商也看重我的失败经验，因为他们相信只有失败过的人才知道什么是资源和机会。”当有人提到自己的失败时，先不要嘲笑他的无能。听一听别人的失败总结，甚至给他一个从头再来的机会，他做得也许会比事事顺利的人更好。

你需要唱反调的人

一个企业只要扩大到一定规模，总会聚集形形色色的员工，其中不乏与领导者唱反调的人，尤其是领导刚上任的时候，往往要招架一两个有一点资历又难缠的员工。遇到这样的唱反调的人，很多领导者都自认倒霉。能够容忍的尽量容忍，吃了亏对方还不领情；忍无可忍的就地正法，但是也伤了团队的和气。难道唱反调的人就没有用处只有害处了吗？非也。

《资治通鉴》中讲了魏文侯纳谏的故事。魏文侯派弟弟去攻打中山国，战胜之后却将中山国赏给了自己的儿子。有一次魏文侯在上朝的时候问大臣自己是一个怎样的君王，很多人说他是一个“仁君”，偏偏这时有一个叫任座的人走出来说：“您算不上仁君。因为您没有把中山国分给弟弟却是给了自己的儿子。”任座说完之后，扬长而去，魏文侯火冒三丈。

后来魏文侯发现了一位忠臣叫翟璜，就问翟璜自己是个怎样的君王，翟璜说“是仁君”。魏文侯问何以见得，翟璜说您身边有任座那样的唱反调的人，怎么能不算是个仁君呢？

翟璜的言下之意，也正是说一个团体应该是多元化的，有很多的声音，才是健康正常的。

曾有人说，比尔·盖茨在开会的时候，常常会等待大家发言，如果与会者中没有一个人唱反调，他就会等到有人提出异议才罢休。因为“我是要听见不同的声音的，如果大家都同意就说明这个方案很片面”。

魏文侯身边留有唱反调的人，让他的宽大胸怀得以体现出来；比尔·盖茨寻找唱反调的人，因为只有不同的声音才能将方案完善。可见唱反调的人绝对不是毫无用处的。

但是如何与唱反调的人相处共事呢？如果每天像仇人见面分外眼红，或者是完全不交流，或者是无意义地纠缠，工作效率和心态都会大受干扰。学几招对付唱反调的人的方法“防身”，有备无患。

兵法讲究“先礼后兵”，讲理和软功自然是第一步，如果能够“兵不血刃”“不战而完胜”，自然是最低成本的方法。领导者可以跟他谈心，询问目前的工作适不适合他。如果合适，请他评价一下自己的工作业绩；如果不适合，让他考虑公司内有什么适合的工作，可以提供帮助。毫不提起他与自己唱反调的事情，是借鉴一种“Time out”（暂停时间）的家庭教育方法——当孩子胡搅蛮缠的时候，根本不去理会他，反而会让他平静下来。

讲理的另一个方面就是开门见山地说出自己的看法，双方都开诚布公地交流为什么会出现唱对台戏的情况。是因为公事公办还是因为私人方面的误会。如果是误会，把它拿上桌面就会解决掉。双方这样各走各的，是一种内耗。如果他说的有道理，要及时地肯定；若有错误则要对他的看法做出一些实质性的回应。

真正胡搅蛮缠的员工当然比较少见，但是对待他们，就要学会公事公办，该调动的就要调动。因为一个人散布与自己命令相左的言论，足以动摇整个团队。领导者这时必须要顾全大局，不能有妇人之仁。

一般情况下，员工在得到领导的重视和与之谈心之后，会对自己的行为有所反思。如果能够因为员工的建议避免重大损失，公司理当做出表扬奖励。不论选择哪种方法，都要比回避问题有价值、有意义。

让平凡的人做出不平凡的事

德鲁克说：“今天的组织需要的是由一群平凡的人，做出不平凡的事。”德鲁克认为，企业管理者必须帮助员工获得工作成就感。员工只有不断获得工作成就感带来的激励，才能为促进企业的发展而竭尽全力。因此，管理者应该将注意力集中在解放员工的生产力上，使他们把受局限的能力水平发挥到一个极限。

阿姆科公司是一家从事钢铁行业的企业。在钢铁业逐渐成为“夕阳工业”以后，它的日子开始很不好过，尤其在进入20世纪90年代以后，公司的资金不断流失。在这种情形下，吉姆·威尔走马上任，开始进行根本性的改革以挽救公司。他的一项最重要的举措就是：“非把每个人都拉来战斗不可。”这不是一句宣传性的战斗口号，而是威尔在企业改革的过程中切身体会到的最紧迫问题。

有一次他把心理学家请进公司，派他们到业绩最好的工厂去，请他们找出工厂里实现成功的真正带头人，弄清成绩应归功于谁。结果令他惊奇的是，心理学家们回来竟说："工厂里没有带头人。"威尔不信："什么，在我们最赚钱的为顾客服务最出色的工厂里竟然没有带头人?"心理学家们说："对，工厂里有我们前所未见的最佳团队，所有的人都在互相合作，每一个人都把功劳归于别人，没有整个团队什么也干不成。"

自那以后，威尔对用人有了新的看法，他决定建立一套新的训练制度以鼓励团队行为。"以前我们发现了杰出人才马上把他提拔到公司中心去，使他离开了主流大众，这样做效果并不好。"于是，阿姆科公司设法造就一种新型的领导者，这种领导者不是在那里想方设法最大限度地展示个人的才能，而是尽可能地发挥团队的力量。他总是把成绩归功于他的部下，他能了解谁最需要帮助，对需要帮助的人说："我来帮你得到你所需要的帮助。"

在这套新的领导方法实施以后，威尔发现他成功地达到了他的目的——把公司的每一个人都拉来战斗。正如他自己所说的："从全世界的角度来看，这是一场全面的战斗。每个人都在力图把我们的公司抢走。我们努力把公司赢回来，使之成为一个非常成功的公司。我必须使公司里的每一个人，不分男女老少都同我一起投入这场战斗。"

而正是由于他果断地改变了过去的做法，靠团队而不是个人，他终于成功地把公司的每个人都拉进了与他并肩作战的行列中，而在他发现他做到这一点以后，他又有了另一个令人惊喜的发现——公司亏损的局面得到了遏制。不久公司的账面上开始有了新的赢利，且赢利的数额越来越大。

2000 年，金庸给马云题了一幅字："善用人才为大领袖要旨，此刘邦刘备之所以创大业也。愿马云兄常勉之。"马云将它挂在自己办公桌的前面，时时提醒自己要重视人才。他说：

“挂在办公桌前面，这是给自己看的，挂在后面是给别人看的。”

美国作家汤姆·彼得斯认为：“再了不起的人也比不上一个伟大的团队。”任何企业的成功都是团队努力的结果。管理者要在打造优秀团队上做足文章。

第十章　人尽其才，注重扬长避短

让人人都发挥自己的最大潜力

孙子说："兵非贵益多也。"（《孙子兵法·行军第九》）在孙子眼里，打仗并不是兵越多越好。这句话反映出了《孙子兵法》的精兵主义思想。对于企业而言，如果组织结构设置不当，就会因机构庞大产生冗员过多现象，影响运转效率。最好的方法是使组织结构保持精简，使每个人都能发挥出三倍的效用。

日本来岛集团下属有180家公司，全以"少数精锐""多元化"为其经营理念。将这两个理念合而为一，最能体现出其员工的劳动状况，即"一人三用"。这就是说，一个人最少要负责三项工作，当然，要负责二三十项工作的人也比比皆是。除了特殊职种，在来岛船坞的两万人中，大部分人都能轻松愉快地担负三项以上的任务。

例如，片上久志名片上写的是"来岛船坞业务部"，其本行业务的内容包括总务、人事和福利等。通常他告诉别人"我负责员工全部职责"，但他的名片载明的职责却非其本行，他担任的是某餐厅的经理职务。

经理并非只是偶尔到店里露露面、查查账，而是必须担负一切责任。举凡土地购买、取得政府许可、与建筑商接洽、一切用品的采购、订菜单、购买材料、选录人员、价格设定、广告宣传以及其他各种手续，全由经理一人负责。虽然他本身不负担资金，但他扮演的角色却与一般餐厅中的老板无异。

片上久志虽然只有30岁出头，但却有极丰富的工作经验。数年前，他单独前往广岛县丰田郡芸津町与町长议事，并负担太平工业再建的重任。当时的太平工业只是一个造船工厂，还称不上是公司。因为该处只有造船者，没有直接部门。由于当时来岛集团刚接收了这个工厂，需要对外联系人员，于是选择了片上。

片上虽没有任何头衔，事实上却具有左右组织的力量，以及相当于业务部长的权限。虽然在太平工业中也有厂长、部长，但他们从未因片上年轻而倚老卖老。他们有的只是较高的职称，监督责任权则在片上。

这样，在工厂片上一人独掌众务，如薪资、银行交涉、包工管理、采购、劳工协商、官方交涉、船主接洽等皆为其职责所在。因此他的能力被强迫性提高，两年后再回来时，其能力已有相当惊人的发展。但这并不是表示片上具有特殊才能，继片上之后，每2～3年间都会有两个人去接替相同的工作。也就是说，片上只是来岛之中极普通的一名员工。

来岛集团的领导人认为，一个人一直待在同一部门，所学终究有限，因此在一段时间后每个人都必然要做机动性调动。目的不在于排除某些人，而在使人人不断获得新的经验。等他再调回来时，就可以担任比原来更高级的工作。

在来岛集团，社长的司机兼任接待这也是正常的，也充分体现出一人多用。坪内寿夫没有专职的司机，开车的司机是集团治下太洋计程车行所属，因此司机的本行是每日载运许多不特定的客人。而这个人只是社长三个司机中的一个。当坪内叫车时，三个司机轮流替他驾驶。坪内的座车是1971年型的奔驰，也属太洋计程车行的营业车，平日仍以客人优先，只有车空时坪内才使用。

开干部会议时，一般社长专用车在这种时候是待命到下午5点会议结束，但坪内的司机则不然，他利用这段时间协助装配500份便餐，下午3时左右在酒吧柜台负责接待。“我一有空就到这里帮忙，因为我也会泡咖啡。再说5点以前社长都不会离开会场，我待在那儿也是闲等。”司机这样答道。

一般情况下，计程车司机、社长专用车司机、吧台接待都是分别独立的工作，应由专人负责。但因为司机是来岛集团的一分子，所以兼任三职。对此，坪内寿夫说：“我们集团中不需要专家，要的是视野宽广、能屈能伸的人。让一个造船者经营餐厅，就是要他拓宽视野，在关于如何提供物美价廉的服务上，造船与餐饮是具有异曲同工之处的。”

来岛集团的用人方针为“一个人当三个人用”，把每一个人都培养成“多面手”，可以胜任不同的工作。

一人多用，对企业来说，可以用少而精的员工来完成需要更多人才能完成的工作，在不影响工作效率的同时，降低雇用成本。

著名通讯品牌索尼爱立信的培训就是将员工朝着“全能战士”方向去培养。索尼爱立信员工培训不仅培养员工的学习能力，还培训员工的沟通能力、创造性和解决问题的能力以及基本知识等几方面。基本知识不仅仅限于工作范畴，还包括商业经营的基础内容。在有些公司，技术人员无须了解财务和企业运作方面的知识。而在索尼爱立信，每个接受基本技能培训的员工都有这门课程的学习。在索尼爱立信看来，技术人员也得知道“公司的利润从哪里来”；当然，财务人员也有必要知道“GSM（全球移动通信系统）和WAP（无线应用协议）”。索尼爱立信要求员工掌握全面性的知识，目的在于使员工具有更强的工作能力。

千万不要以为人才越专越好，分工越细化越好，一人多用，也可为企业管理运营带来意想不到的好处。

鼓励每一个人争当先进

有一天晚上，索尼董事长盛田昭夫按照惯例走进职工餐厅与职工一起就餐、聊天。他多年来一直保持着这个习惯，以培养员工的合作意识和与他们的良好关系。

这天，盛田昭夫同往常一样在餐厅吃饭，但他忽然发现一位年轻职工郁郁寡欢，闷头吃饭。于是，盛田昭夫就主动坐在这名员工对面，与他攀谈。几杯酒下肚之后，这位员工终于敞开了心扉："我毕业于东京大学，有一份待遇十分优厚的工作。进入索尼之前，我对索尼公司崇拜得发狂。当时，我认为进入索尼，是我一生的最佳选择。但是，现在才发现，我不是在为索尼工作，而是在为课长干活。坦率地说，我这位课长是个无能之辈，更可悲的是，我所有的行动与建议都要由课长批准。我自己的一些小发明与改进，在课长眼里却成了'癞蛤蟆想吃天鹅肉'，对我来说，这名课长就是索尼。我十分泄气，心灰意冷。这就是索尼？这就是我崇拜的索尼？我居然放弃了那份优厚的工作来这种地方！"

这番话令盛田昭夫十分震惊，他想，类似的问题在公司内部员工中恐怕不少，管理者应该关心他们的苦恼，了解他们的处境，不能堵塞他们的上进之路，于是产生了改革人事管理制度的想法。盛田昭夫立即着手处理这件事情，不久后，索尼公司开始每周出版一次内部小报，刊登公司各部门的"求人广告"，员工可以自由而秘密地前去应聘，他们的上司无权阻止。

另外，索尼原则上每隔两年就为员工调换一次工作，特别是对于那些精力旺盛、干劲十足的人才，不是让他们被动地等待工作，而是主动给他们施展才能的机会。在索尼公司实行内部招聘制度以后，有能力的人才大多能找到自己中意的岗位，而且人力资源部门可以很容易地发现那些"流出"人才的上司存在的问题。

作为领导者，就应该鼓励内部竞争。唯有鼓励内部竞争，才能冲破惰性和陈腐势力的束缚，造成一个"人人争当先进"的良性竞争的局面。

鼓励竞争的方法多种多样，常见的有以下 4 种：

（1）果断起用有竞争力的人才，尽量避免掐尖行为。有魄力的领导者为了迎头反击习惯保守势力的掐尖行为，往往干脆采取“及时起用”的用人战术，十分果断地将实绩突出的人才尽快提拔到关键性的工作岗位上来，造成既成事实，使热衷于造谣中伤的小人企望落空，自感没趣，被迫偃旗息鼓，草草收兵。采用此法的关键，在于事前要做好必要的考察了解工作，必须“看准”冒尖者。

（2）在关键时刻公开宣传具有竞争力的人才的实绩。具有竞争力的人才感到最痛苦和难熬的时期，就是刚取得一些突出实绩，就立即招来满城风雨的微妙阶段。面对掐尖歪风，一个有正义感的领导者，绝不能袖手旁观、无动于衷，此时此刻，他对具有竞争力的人才的最有力的鼓励和支持，莫过于选择一个适当的场合，向全体职工公开宣传这些人才的实绩。这样做，往往能收到澄清事实、驱散流言、主持公道、鼓励竞争的奇效。

（3）及时中止少数品行不端之人、庸才的掐尖行为。对于少数躲在人群里散布流言飞语的掐尖者，领导者只要一经发现，就应该不留情面，立即对他们进行严肃的批评教育，迫使他们及时中止对先进人物的“掐尖”行为。

（4）对实绩显著的人才给予适度的表彰和鼓励。在精神上和物质上给富有竞争力的人才以适度的鼓励，不仅有利于鼓舞少数竞争者的斗志，激励他们更快地成长，而且也在公众面前树立起一批具有说服力和示范作用的榜样。

总之，鼓励竞争时，领导者必须善于选择最有效的鼓励手段、最关键的鼓励时刻、最合适的鼓励场合，并且掌握最合理的奖励分寸，以此来扶植一大批有发展潜力的竞争人才，并通过他们，带动更多的下属投入到你追我赶的良性竞争之中去。

建立人尽其才的机制

企业实现执行力的关键是需要建立一种协同个人贡献的机制，即“群体运行机制”。企业的管理者为了提高公司业绩和执行力，已经越来越重视人才的使用。但大量事实证明，单纯关注个体员工使用的管理者并不能保证一个组织高效运行。

沃尔玛的群体运行机制就很具有效率，一直为业内效仿。20世纪90年代初，沃尔玛的创始人山姆·沃尔顿从周一到周三，每天都要派出大约30名主管去调查9家沃尔玛商店和6家竞争对手的商店。他们搜集出很多商品的价格，并作对比。在调查商品价格的同时，这些负责调查的主管们还会观察货物是怎么摆放的，消费者在购买些什么，商店的外观、氛围如何，竞争对手采取了哪些新的措施，雇员的反应如何等。

这个机制的高效率秘诀在于管理者和现场执行之间没有隔层。没有隔层的最大意义在于时间和质量，没有延迟，没有扭曲，没有怀疑。星期四的早上，沃尔顿会召开一次4个小时的会议，与会的还有约50个经理。他们中有考察商店的主管、物流经理，还有广告部负责人。通过考察结果，他们很快就会作出类似某地区需要10万件羊毛衫上架这样的决定。

观察家表示，沃尔玛这套运行机制的关键在于，创始人山姆找到了最适合从事调查工作的人，这个机制保证了调查人员的效率，保证了因为调查结果而决策的效率。通过这样的机制，能够使调查的主管积极工作，使商店的执行人员迅速根据决定进行调整，使物流和广告投放人员在团队运行下高效工作。在这里，人们协同一致地工作。同时，还增强了责任感。如果有人在工作中没有尽力，自然就不能为星期四的会议做好准备，在会上马上就能被山姆看出来。

保证人尽其才，这需要在合适的岗位安排合适的人才，并使这些人才协同一致，以此来提升团队的运行效率。迪克·布朗就是设计这种制度的高手。他在1999年1月当上了IT服务业的巨人——电子数据系统公司（EDS）的CEO。而在他上任之前，公司庞大的规模和全球化经营使EDS陷入了繁杂的事务中。EDS试图调整业务，但结果很不理想——业务大幅萎缩，连续几年未能达到预期赢利。

布朗创立了群体运行机制，以保证业务的成功。其中最重要的一项是每月1次的“执行会议”——一个包括来自全球约100个EDS业务主管的电话会议。在会议中，每个单位的月成果和自年初的累积成果都要被讨论到。这样很快就可以知道谁做得好，谁需要帮助。这使每个部门不得不高效工作，避免居人之后。另外，在与业绩不理想的主管的对话过程中，布朗会刨根问底式地询问，以此使落后者感到压力，从而迎头赶上。

布朗设计的群体运行机制以其公开、公平、透明的特点赢得了公司上下的赞誉，使每个主管都会根据业绩的需要自觉调整自己的团队，力求每一个人都是在他最合适的岗位上工作。布朗每两周都要给全体员工发电子邮件，让他们了解公司的一些特别成就，同时讨论公司在优先业务里所处的状态，这种做法使公司的共同目标得到加强，决策得到制定。到1999年年底，EDS的群体运行机制显现出效果，公司各级主管把关注点转移到吸引和留住有天赋的人身上，促使人尽其才。同时，公司里的每一个员工对公司自身的成长、客户满意度以及责任感的关注也日益增强。EDS的业绩由此直线上升。

随着组织成员越来越多，协同一致就成了更大的挑战。为了分摊责任，公司往往会创建一种组织构架。建立这种构架时，也就是组织内部的社交互动发生改变的时候。通常，一个部门到另一个部门的信息流动会遇到障碍或者被歪曲。公司规模越大，人们分享信息、做出一致的决策和调整其优先业务的难度就越大。决策的速度变慢，执行力的优势就被削弱。因此，企业运行机制的最大意义是保证公司各项信息流动的便捷性、有效性和准确性，保证人尽其才。

知人善任才能成就大业

李嘉诚认为人才对于公司非常重要，甚至比金钱还重要。他广纳贤才，而不在意出身和背景。只要有能力，他均奉为上宾。一个人要成就一番事业，就必须有得力的人才辅佐。他对记者说："你们不要老提我，我算什么超人，是大家同心协力的结果。"他身边有 300 员虎将，其中 100 名是外国人，200 名是年富力强的中国香港人。

20 世纪 80 年代中期，李嘉诚的长实（长江实业）集团的管理层基本上实现了新老交替，各部门负责人，大都是三四十岁的少壮派，其中最引人注目的要数霍建宁。

霍建宁毕业于名校中国香港大学，随后赴美深造，1979 年学成回港，被李嘉诚招至旗下。他擅长理财，负责长实的财务策划。他处世较为低调，认为自己不是冲锋陷阵的干将，而是专业管理人士。李嘉诚很赏识他的才学，长实的重大投资安排、股票发行、银行贷款、债券兑换等，都是由霍建宁亲自策划或参与决策，传媒称他是一个"浑身充满赚钱细胞的人"。

这些项目动辄涉及数十亿资金，亏与盈都取决于最终决策。从李嘉诚对他如此器重和信任来看，可知盈多亏少。霍建宁本人的收入也很可观，他的年薪和董事基金，再加上非经常性收入如优惠股等，年收入可能在 1000 万港元以上。1985 年，李嘉诚委任他为长实董事，两年后又提升他为董事副总经理。此时，霍建宁才 35 岁，如此年轻就担任中国香港最大集团的要职，实属罕见。

同样出色的还有一位女将洪小莲。洪小莲年龄也不算大，她全面负责楼宇销售时，还不到 40 岁。在长实上市之初，洪小莲就作为李嘉诚的秘书随其左右，后来又出任长实董事。她不仅人长得漂亮，而且待人热情，做事泼辣果敢。

在地产界，在中环各公司，只要提起洪小莲，可谓无人不知无人不晓，她被业界称为“洪姑娘”。长江总部虽不到 200 人，却是个超级商业帝国。每年为它工作与服务的人，数以万计。资产市值在高峰期达 2000 多亿港元，业务往来跨越大半个地球。日常的大小事务，千头万绪，往往都要到洪小莲这里汇总。

她的工作作风颇似李嘉诚，不但勤奋，还是个彻底的务实派。就连面试一名信差、会议所需的饮料、境外客户下榻的酒店房间等琐事，她都亲自过问。要处理日益庞杂的事务，没有旺盛的体力、精力、智力，没有很高的工作效率，是不可想象的。

李嘉诚不拘一格重用年轻人，广采博纳，融合众智。他还说：“长江取名基于长江不择细流的道理，因为你要有这样旷达的胸襟，然后你才可以容纳细流。没有小的支流，又怎能成为长江？只有具有这样博大的胸襟，自己才不会那么骄傲，不会认为自己样样出众，承认其他人的长处，得到其他人的帮助，这便是古人说的‘有容乃大’的道理。假如今日没有那么多人替我办事，我就算有三头六臂，也没有办法应付那么多的事情，所以成就事业最关键的是要有人帮助你，乐意跟你工作，这就是我的哲学。”

用人所长是你的义务

德鲁克认为：卓有成效的管理者在聘用和提升有关人选时，考虑的是这个人能干些什么。他在做这种人事决策时，考虑的是如何充分发挥他们的长处，而不是他们的短处。

金无足赤，人无完人。任何人有其长处，就必有其短处。

让员工充分发挥优点，就能给企业带来积极正面的影响，这既是一种管理策略，也是一种用人之道。管理者要知人善任、扬长避短、因材授职、使用得当，把每一个员工放在最适合他的岗位上。

对于如何用人之长，德鲁克认为，首先要进行合理的职位设计。企业管理者应该知道，职位不是上帝或自然而然设立的，而是由非常容易犯错误的人来设计的。因此，在设计职位时，一定要非常谨慎，千万不能搞出一些“不可能完成任务”或“任何人都无法胜任”的职位来。企业管理者应该警醒的是，如果某项工作已连续使二三个人觉得无法胜任，而且这些人在以往的履历中都曾有过良好的表现，那么就应该认为这项工作是不可能做得好的，这样的职位就必须被重新设计。

其次要确保每个职位既有很高的工作要求，又有较宽广的工作范围；它应该带有挑战性，能使员工充分发挥自己的优势和长处；它必须为员工提供有足够的表现空间，使员工能将与任务有关的优势转化为重大的成果。

再次，管理者在用人时绝不能只看到职位的要求，应该着重考虑被用之人究竟有哪些长处。换句话说，在决定将某人安置到某个职位上去之前，管理者早就对此人的优势进行了充分的考虑，而且在考虑时绝不会只局限于此一职位。

最后，卓有成效的管理者必须懂得，若想利用某人的长处，也必须能够容忍他的短处。

除了上述四点之外，德鲁克还提到了一个与长处无关的但极为重要的方面：人品。德鲁克说，正直的品格本身并不能创造价值，但如果缺乏正直和诚恳那就有可能会搞糟其他一切事情。所以在这种情况下，如果人品不好，长处或者短处都无从谈起。

人人都要“为工作狂”

比尔·盖茨是出了名的“工作狂”。他对工作的狂热，早在他和保罗·艾伦研制 BASIC 时就让人领略到了。他们两个人在电脑实验室发狂似的工作，经常通宵达旦地干，偶尔睡上一两个小时。当疲劳得实在无法再干下去时，盖茨就趴在电脑台前打个盹。在电脑键盘前干着干着就睡了过去是常有的事情。几分钟之后，猛地惊醒过来，又接着敲打键盘。他和艾伦在吃饭上所花费的时间很少，正如他们睡觉一样。他对工作的热爱和投入简直达到了废寝忘食的地步。

盖茨“不要命”地工作，不光在他接触电脑之初，就连他成为微软的领袖后也是如此。盖茨没有休息的概念，每周从星期一工作到星期日。他经常接连好几天待在办公室里不出门，夜里实在太累了就在地板上睡一会儿。经常会让第二天早晨上班的员工吓一跳，他们的老板躺在地板上睡得正香。盖茨对吃饭也似乎没有概念，工作或会客时，他都常常忘了吃饭；这时，秘书便主动提醒他，或在中午时给他买一个汉堡包。

微软公司今天的成就，的确也离不开盖茨的这种“不要命”的工作精神。在《盖茨：微软公司的领袖如何给电脑业带来巨大变革并使自己成为全美最富有的人》一书中，作者的描述是这样的：“同比尔·盖茨一起工作的人，都说他是世界上最繁忙的企业主管之一。”“盖茨工作异常热情，每周经常工作 72 个小时，有时甚至达到 90 个小时；不工作的时候，他就像一个黑洞吸收光线那样，大量吸收信息。”

《跨国企业》杂志编辑在发表的一篇文章上问道：“微软如何保持这种优势？”“一大原因是，比尔·盖茨从来不睡觉。他不断寻觅新的营收来源，甚至在他现有的产品仍赚进大把大把钞票的时候也不例外。”可是，盖茨却不这样认为，他说：“你应该了解你的能力范围，你最擅长的事情，然后把你的时间和精力投注其中。”

“今天，我工作是为了乐趣。从那种角度来看，我想，你可能会说，我把经商当作一种解决问题的挑战。那不是说，我不把经营生意当做一回事，因为我确实很认真。可是，如果你以创新的方法对待生活中的挑战，生活会变得有趣得多。”

比尔·盖茨曾说：“每天早晨醒来，一想到所从事的工作和所开发的技术将会给人类生活带来巨大的影响和变化，我就会无比兴奋和激动。”

在微软公司，盖茨本人对工作的狂热，以及他给予员工的压力，带动了员工工作的热情。

盖茨的这种狂热，是想在微软公司的工作环境中培养出一种工作狂的气氛来。

想为比尔·盖茨工作，至少需要有两个基本条件：一个是精通业务；一个是愿意昼夜不停地工作，不把工作看成是谋生的手段，而是看作一种乐趣。所以微软公司很容易形成一种风气和精神：第一是工作，第二是工作，第三还是工作。吃饭和睡觉是次要的。在阿尔伯克基，微软公司的生活好像是采用了一种软件的式样，无休止地循环：工作，吃饭，然后是敲打键盘，睡觉，接着又是工作。

微软的高层管理人员戴夫·穆尔描述了微软典型的一天，他说：“在微软，情形是这样的：早上醒来，去上班，干活，觉得饿了，下去吃点早餐，接着干，干到觉得饿了，吃点午餐，一直工作，且又累得半死，行了，然后开车回家睡觉。”

从微软严格筛选中脱颖而出的那些人，必定是才华横溢、雄心勃勃，并且愿为长远的经济利益长时间超负荷劳动的人，他们在行动上像盖茨，在工作狂方面无与伦比，可以接连三四天一直工作。

微软的一位研究员曾经让时任微软副总裁的李开复深有感

触。这位研究员经常周末开车出门说去见“女朋友”。后来，一次偶然的机会，李开复在办公室里看见他，便问他：“女朋友在哪里?”研究员笑着指着电脑说：“就是她呀。”对工作如此热爱，怎能不让人感动呢?

因此微软公司的全体员工，能够以一种“日也操劳，夜也操劳”的工作方式在微软公司里毫无怨言地努力工作。他们厌恶好逸恶劳的人，尤其对那些没有什么才能的人更是一点都不客气。所以员工之间相互追赶，夜以继日地为“电脑”奋斗实在也就不足为奇了。

对工作的狂热，源于对工作的激情。富有工作激情的人认为，“工作即是乐趣”。一个成就大事业的人，最重要的素质不是能力、才华、责任或其他，恰恰是工作的激情。正是这种“我为工作狂”的激情能够调动一个人内在的所有潜力，焕发出惊人能量，从而成就伟业。

管人篇

管出效能

第十一章　管人——智者善权，宽严得宜

信任你的下属

“不疑”是建立在自己用人之前的判定、考核基础上的。不用则罢，既用之则信任之。领导只有充分信任部属，大胆放手让其工作，才能使下属产生强烈的责任感和自信心，从而激发下属的积极性、主动性和创造性。所以说，对于一个管理者来讲，一旦决定某人担任某一方面的负责人后，信任其在这一工作中的能力就成为一种有力的激励手段，其作用是非常大的。

试想一下，在一个公司里，如果下属得不到最起码的信任，其精神状态、工作干劲会怎样？又比如，公司职员情绪欠佳、精神沉郁、怨愤丛生，上下级关系怎么能融洽？这种彼此生疑生怨的状况，如果得不到很好的解决，常常是造成企业或一个公司瘫痪的主要根源。

信任下属，实际上也是对下属的爱护和支持。古人云：“木秀于林，风必摧之。”特别是对于担当生产、销售、试验、拓展、探索者角色的下属而言，容易受人非议或蒙受一些流言飞语的攻击。那些敢于直面领导错误，提建议、意见的，那些工作勤勉努力、犯了错误并努力改正的，领导的信任是其最后的精神支柱，柱倒而屋倾，在此种状态下，领导者切不可轻易动摇对他们的信任。

作为管理者，不仅要对你的下属充分信任，而且还要对他

们坦诚相待。如果出现变故及不利因素，有话要说在当面，不要在背后议论下属的短处；对下属的误解应及时消除，以免积累成真、积重难返。有了错误要指出来，是帮助式的而不是指责式的，相信你的下属不是傻子，好意歹意心中自明。总之，与下属经常保持思想交流非常重要。

说到信任问题，其实它是两个人相处时应该具有的一个基本的和必要的要素。两个陌生的人在一起，彼此防范，没有什么信任。而一旦人们通过某种渠道互相认识熟悉后，彼此渴望的就是一种信任。

互相看不惯的人很难有信任可言。嫌隙的存在是关系恶化的开端，和自己越近越亲的人，你应该给他越多的信任。对朋友，应该推心置腹。在一个企业里，副经理、部门经理之于总经理，一般职员之于部门主管，可称为手足或臂膀，理应得到很多的信任。如果你不给他们信任或给他们的信任不够多，都会影响到他们的工作。这就好比在家庭生活中，夫妻关系应该说是再好不过了，但如果你不给对方最多的、最大限度的信任，家庭生活也不会和睦。

要谨慎对待各方面反映的情况，不因少数人的流言蜚语而左右摇摆，不因下属的小节而生疑，更不宜捕风捉影、无端地怀疑。在信任的基础上，给予下属更多的信任，更广泛的、更高质量的信任；因为他们非常需要，你一定要记住这一点。

日本松下电器公司的前总经理松下幸之助用人的原则之一就是用则不疑。松下电器在创业初期就以价廉物美的产品名扬四方，这一特点就是他在博采众家之长的基础上加以创新而成的。一般说来，在商品竞争激烈的情况下，发明者对技术都是守口如瓶、视为珍宝，最多只透露给亲友或者家人。但是，他却十分坦率地将秘密技术教给有培养前途的部属。曾有人告诫他："把这么重要的秘密技术都捅出去，当心砸了自己的锅。"但他却满不在乎地回答："用人的关键在于信赖，这种事无关紧要。如果对同僚处处设防、半信半疑，反而会损害事业的发展。”

当然，松下公司也发生过本公司职工“倒戈”的事件，但是松下幸之助坚持认为：要得心应手地用人，促使事业的发展，就必须信任到底，委以全权，使其尽量施展才能。这是他根据自己的亲身体验而建立的人生观和经营哲学。

用而不疑，是一条重要的用人原则。当然，这条原则是与疑则不用的用人原则联系在一起的。这包括在思想上、道德品质上有疑点的人和在能力上不能胜任的人。总之一句话：凡是经过考察、认真研究，觉得不可信任之人，则一定不要用。如果失之斟酌、盲目错用，就会自食恶果。对于人才一旦委以重任，就要推心置腹、充分信任、大胆放权、决不干预。领导者对人才只有信任，才能放手让人才独立自主地行使职权；人才只有有了独立自主的地位，方可充分发挥其各种才能；只有信任，才能使得人才忠心不渝地献身事业。

现在人们常说：企业竞争的制高点是人才，而用人不疑是发挥人才作用的重要原则。用则不疑起码要达到3个不疑：

（1）相信受任者能完成任务。中国古人说：既任须信，既信须终。对于任何任务，管理者在选人时要三思而后行，但一旦确定人选，就不要轻易地更换。千万不可一方面让其担当某项重任或参与某项工作，另一方面又怀疑其完成任务的能力。

管理者把某项工作任务交给有关人员后，就一定要相信他们能够完成任务。当然，对他们提出明确的目标要求，实行一定的监督检查，进行适当的指导帮助，都是应该的。而这一切都是为了帮助他们更好地完成任务，绝不是干扰、妨碍他们的工作，束缚他们的手脚。即使受任者的能力略低一些，也不可疑首疑尾。

首先，这种略超于能力的使用，使人才处于“超载”的工作状况中，产生不适应感和奋力向上的紧迫感，才能为完成上司交给的任务最大限度地发挥自己的才能和潜力。这有利于人才的培养和事业的发展。其次，让人才早担重任，在实际工作中摔打、锻炼和成长，就能使其在实践中不断提高工作能力。

(2) 相信成员对组织的忠心。卡耐基常常告诉他的营销员，团体成员之间，既然大家走到一起来了，就应精诚团结，同心同德，为完成共同的目标而奋斗。尤其是管理者对待下属，更要以诚相待，切忌满腹狐疑、互相猜忌。

(3) 给受挫者成功的机会。世间任何人的经历都不会一帆风顺，常胜将军是不多见的。人在孩提时学走路摔跤，在学游泳时呛几口水，都是常事。在完成任务的过程中，由于种种意想不到的原因，受任者任务完成得不好，或出现了失误，管理者一定不要大惊小怪。失误了只要正确对待，帮助他认真总结经验教训，下属必然产生有负上司重托的自责感和将功补过的决心，势必为今后的工作开展打下良好的基础。

受挫者受挫的原因是多方面的，主观的、客观的，有时还有管理者决策指挥的原因。如果一出现失误，管理者就对受挫者一味地指责、埋怨、批评、训斥，不给丝毫的温暖和善意的帮助，就会冷了下属的心，甚至会激化演变为敌对情绪和叛逆心理。

在要害处只收不放

古人云："一张一弛，文武之道。"用到驭人方面，只有懂得收放分寸的人，才能将主动权稳固地把握在自己手中。

刘秀当上东汉开国皇帝后，有一段时间很是忧郁。群臣见皇帝不开心，一时议论纷纷，不明所以。一日，刘秀的宠妃见他有忧，怯生生地进言说："陛下愁眉不展，妾深为焦虑，妾能为陛下分忧吗？"

刘秀苦笑一声，怅怅道："朕忧心国事，你何能分忧？俗话说，治天下当用治天下匠，朕是忧心朝中功臣武将虽多，但治天下的文士太少了，这种状况不改变，怎么行呢?”

宠妃于是建议说：“天下不乏文人大儒，陛下只要下诏查问、寻访，终有所获的。”

刘秀深以为然，于是派人多方访求，重礼征聘。不久，卓茂、伏湛等名儒就相继入朝，刘秀这才高兴起来。

刘秀任命卓茂做太傅，封他为褒德侯，食二千户的租税，并赏赐他几匹车马、一套衣服、丝绵五百斤。后来，又让卓茂的长子卓戎做了太中大夫，次子卓崇做了中郎，给事黄门。

伏湛是著名的儒生和西汉的旧臣，刘秀任命他为尚书，让他制定朝廷的制度。

卓茂和伏湛深感刘秀的大恩，曾对刘秀推辞说：“我们不过是一介书生，为汉室的建立未立寸功，陛下这般重用我们，只怕功臣勋将不服，于陛下不利。为了朝廷的大计，陛下还是降低我们的官位为好，我们无论身任何职，都会为陛下誓死效命的。”

刘秀让他们放心做事，心里却也思虑如何说服功臣朝臣，他决心既定，便有意对朝中的功臣们说：“你们为国家的建立立下大功，朕无论何时都会记挂在心。不过，治理国家和打天下不同，朕任用一些儒士参与治国，这也是形势使然啊，望你们不要误会。”

尽管如此，一些功臣还是对刘秀任用儒士不满，他们有的上书给刘秀，开宗明义便表达了自己的反对之意，奏章中说：“臣等舍生忘死追随陛下征战，虽不为求名求利，却也不忍见陛下被腐儒愚弄。儒士贪生怕死，只会搅动唇舌，陛下若是听信了他们的花言巧语，又有何助呢？儒士向来缺少忠心，万一他们弄权生事，就是大患。臣等一片忠心，虽读书不多，但忠心可靠，陛下不可轻易放弃啊。”

刘秀见功臣言辞激烈，于是更加重视起来，他把功臣召集到一处，耐心对他们说："事关国家大事，朕自有明断，非他人可以改变。在此，朕是不会人言亦言的。你们劳苦功高，但也要明白'功成身退'的道理，如一味地恃功自傲，不知满足，不仅于国不利，对你们也全无好处。何况人生在世，若能富贵无忧，就是大乐了，为什么总要贪恋权势呢？望你们三思。"

刘秀当皇帝的第二年，就开始逐渐对功臣封侯。封侯地位尊崇，但刘秀很少授予他们实权。有实权的，刘秀也渐步削弱他们的权力，进而夺去他们的权力。

大将军邓禹被封为梁侯，还担任了掌握朝政的大司徒一职。刘秀有一次对邓禹说："自古功臣多无善终，朕不想这样。你智勇双全，当最知朕的苦心啊。"

邓禹深受触动，却一时未做任何表示。他私下对家人说："皇上对功臣是不放心啊，难得皇上能敞开心扉，皇上还是真心爱护我们的。"

邓禹的家人让邓禹交出权力，邓禹却摇头说："皇上对我直言，当还有深意，皇上或是让我说服别人，免得让皇上为难。"

邓禹于是对不满的功臣一一劝解，让他们理解刘秀的苦衷。当功臣们情绪平复下来之后，邓禹再次觐见刘秀说："臣为众将之首，官位最显，臣自请陛下免去臣的大司徒之职，这样，他人就不会坐等观望了。"

刘秀嘉勉了邓禹，立刻让伏湛代替邓禹做了大司徒。其他功臣于是再无怨言，纷纷辞去官位。他们告退后，刘秀让他们养尊处优，极尽优待，避免了功臣干预朝政的事发生。

收放是有条件的，在某些方面，该放的就要放；而在另一些方面，该收的也一定要收。收放结合，才能把人牢牢制住。

功臣在历史上所起的作用是巨大的，可功臣若走向反面，他们的影响力和破坏力也是惊人的。对待他们，社会地位不能降低，以示荣宠，但不给其实权，就可防患于未然了。

在要害处只收不放，这是收放之道的首要前提。

控权是授权的前提

为了保证团队高效率地合作，企业管理者应将能由下属做的事情尽量分解授权出去，而自己则全力以赴去做那些别人无法替代的更重要的事情。但必须留一手，就是授中含控。

相对于秦王朝来说，刘邦与项羽经营的事业可以说是大企业，而这两家秦末大企业的不同结局不能不令我们深思。

与项羽相比，刘邦的高明之处正在于：授权并且很好地掌控。

刘邦和韩信曾经有这样一段精彩对话：

刘邦问韩信："如我能将几何?"

韩信回答："陛下不过能将十万。"

刘邦又问："于君如何?"

韩信回答："臣多多而益善耳。"

刘邦笑说："多多益善，何为为我禽?"

韩信回答："陛下不能将兵，而善将将，此乃信之所以为陛下禽也。"

原来刘邦能赢得天下，全在"将将"二字。何为"将将"，通俗地讲就是知人善任。知人是善任的前提，善任是知人的目的。作为领导者不仅要有知人之明，还得有善任之能。而所谓善任，其实就是授权的艺术。

有人说：刘邦真有天大的胆子，敢授给韩信那么大兵权，他不怕韩信反过来诛杀自己吗?刘邦当然怕，韩信兵力那么强，他若想独立出去，简直是易如反掌。但刘邦自有妙法，他的授权并非盲目地瞎授，而是掌握了一定的火候，正所谓授中含着控。

历史上刘邦三夺韩信军权的典故广为流传。

第一：公元前205年，刘邦获得韩信军。韩信大破魏王豹，平定魏、代等地后，刘邦派人收回他的精兵干将，只给他留下几万人，去和赵国几十万大军作战。

第二：公元前204年，韩信破赵降燕，平定北方。刘邦突然闯入韩信的军营，到他的卧室中没收他的兵符印信，当时的韩信竟然还在酣睡之中。

第三：公元前202年，经垓下之战消灭项羽后，刘邦也以突然的手段夺去韩信的大军。

仔细分析以上三大典故，其中典故一相对来说是合乎情理的，而后两个典故就显得耐人寻味了。有人就以此为根据，说韩信连自己的军营都看不住，根本达不到大将的资格。

不要说大将，就是一般将领也都能看住自己的军营，至少能看住自己的卧室，而韩信却看不住。但事实上，韩信绝不是马虎之人，否则绝对不会在同刘邦的第一次交谈时，就对项羽及天下形势作出如此细致的分析。

那么，对于刘邦能够直接闯入韩信的卧室只能存在一种解释，那就是韩信的身边有刘邦的“人”。当韩信被刘邦派去打魏王豹时，军中有许多刘邦原来的将领。

后来，韩信军中应该也有这样的忠于刘邦的将领，这应是明面上的，韩信对付这些人还是轻而易举的。刘邦会不会越过韩信暗中安插别的人，或收买韩信提拔并信任的将领？

这都有可能，否则韩信不会说刘邦善于“将将”。由此可见，刘邦敢于授权其实并非憨厚之举，也并非自信能力强悍，而是他懂得授权的最高境界，即授中含控。由此他得到了一大批精兵干将的誓死追随，打下了汉室江山。

对于企业管理者来说，实现有效授权很困难吗？其实不然。应该说，一些管理者之所以做不到有效授权，其根本障碍在于没有找到授权的最高境界，即授中含控。其实，授权并非在授之后完全不管，任权力在受权者那里自发延伸和拓展，而是要掌握好一个度。

当受权者所拥有的权力超出应有的范围时，管理者要及时加以制止，并制定一些相应的制度措施对授权的具体操作程序加以约束，只有这样的授权才能成为有效的授权。

否则，等权力在受权者那里肆意拓展以致伤害到企业利益时，那么，授权对管理者来说就不是一种便利，而是一种伤害了。

不要做撒手掌柜

艾森豪威尔提出的“权力下授”，就是授权，即领导者授予直接被领导者一定的权力，以便使被领导者能够相对独立、相对自主地开展有关方面的工作。

但企业管理者的授权，将权力下放给员工，并不意味着自己可以完全做个“撒手掌柜”，对下放的事不管不问。授权要像放风筝一般，既给予员工足够的空间，让他拥有一定范围的自主权；同时又能用“线”牵住他，不至于偏离太多，最终的控制权仍在领导的把握中。

某一书店店长为了激发员工的工作激情，决定在书店内部推行“授权管理”，将管理权限下移。他规定：“各部门都可以在各自的职责范围内处理部门业务，只要是有利于书店业务发展的，不需要请示便可以自行决定。”命令一下达，很多部门不是专心致力于书店业务的发展，而是相继制定起保护各自利益的“游戏规则”来。

比方说书店的采购部为了不受监督不再执行以前的“采购请示”制度，根本不征询销售部意见就直接决定采购的类别和数量，最后造成了大量图书滞销，销售部门意见很大；而销售部门在制订图书促销计划的时候，也不再会同别的部门一起协商，为促进业绩，他们频繁促销，甚至独断专行地降低图书折扣。店长原本以为“授权令”下达会有好的效果，也不必再事事躬亲，结果书店的利润急速下滑。

授权是一门高深的艺术，如果运用得好，不仅可以使管理更有成效，而且可以调动员工在工作中的主动性、积极性和创造性，激发员工的工作热情，提升企业的竞争力和促进企业的运行效率。善于授权的管理者能够创造一种“愉悦气氛”，使员工在此“气氛”中自愿从事富有挑战性的工作，使企业呈现一个和谐共事、创新共进的局面。

东京某涉外饭店的豪华餐厅里，有一位美国客人对送上来的牛排不太满意，他认为这个牛排太熟。于是，他叫来服务生。服务生用极其谦恭的态度认真倾听他的抱怨之后，对他说：“请您稍微等一下，符合您口味的牛排马上就能送上来。”说完，服务生立即拿走牛排，继而吩咐厨房按照客人的口味另烤一块送来。

事情看似微不足道，但在事件的背后却蕴含着饭店老板的授权艺术。饭店的老板认为，服务生是直接面向客人的，应该给服务生更大的权限来服务于客人。于是，我们就看到这个场景：服务生无须请示任何人，就能够自主地为客人解决问题。这样，整个饭店的运行效率就会因此而大大提高。

责任、权利、能力是实现授权管理目标的三个基本要素，优秀的管理者需要懂得如何有效的授权，当企业管理者把权力授予员工时，应该让员工知道，他拥有的不仅仅是权力，还有与权力相匹配的责任，避免滥用职权的发生。真正有效的授权是指“放手但不放弃，支持但不放纵，指导但不干预”。监督监控其实是对授权的平衡与把握，掌握好权责统一，才能实现授权效果的最大化。在授权过程中应注意以下几个问题：

（1）明确目标责任是授权的前提，没有目标责任的授权，是无原则的授权，这样的授权无济于管理效益的提高和目标的实现。权力永远是与责任和利益相关联的，要让员工在明确权力的同时，明确责任和利益。只有员工的责权利一体化，员工才会珍惜权力，正确有效地使用权力，才能最大限度地实现他们的岗位职责，实现授权的真正目的。

（2）授权不是下放领导者的所有权力。授权的度应掌握，在能及时掌握全面信息、控制局面的前提下，通过授权发挥各级的积极性。重大方针政策的监督检查权、决策权、例外事项的决策权不应下放，否则，授权就成了放弃领导。

（3）授权的同时必须要明确指挥关系，建立信息反馈制度，规定下级应汇报的内容、汇报的时间及汇报形式等。通过沟通，下属能够明确责任和工作思路与方法，授权的价值才能得以体现。通过高效的沟通机制，如例会制度、领导者意见箱、市场走访等，能实现全员之间最大限度的认同感，各级管理者的指令才能得到最有效的执行。

（4）下级在行使权力过程中出现失误时，不应一味责备下级。授权是把职权委让给下级，它意味着容许员工犯一些错误，但是应该把全部责任留给自己。领导者要善于耐心指导，坚持激励的原则，热心地帮助下级。

卓越管理源自充分授权

对于任何管理人员来说，在给自己手下的员工分配了工作任务之后，还不等人家完成就又亲自动手都是一个致命的错误。把工作交给部下的最大好处在于：节约了管理者的时间。

井深大是索尼企业的一名功臣，他将个人知识和集体的智慧结合起来，发挥团队优势为企业创造了巨大的财富。在井深大刚进索尼公司时，索尼还是一个小企业，总共才有 20 多名员工。

老板盛田昭夫信心百倍地对他说：“你是一名难得的电子技

术专家，你是我们的领袖，好钢用在刀刃上，我把你安排在最重要的岗位上——由你来全权负责新产品的研发，对于你的任何工作我都不会干涉。我只希望你能发挥带头作用，充分地调动全体人员的积极性。你成功了，企业就成功了！”

这让井深大感受到了巨大压力。尽管井深大对自己的能力充满信心，但是还是有些犹豫地说：“我还很不成熟，所以虽然我很愿意担此重任，但实在怕有负重托呀！”盛田昭夫对他很有信心，坚定地说：“新的领域对每个人都是陌生的，关键在于你要和大家联起手来，这才是你的强势所在！众人的智慧合起来，还能有什么困难不能战胜呢？”

盛田昭夫的一席话，一下子点醒了井深大。他兴奋地道：“对呀，我怎么光想自己？不是还有 20 多名富有经验的员工嘛！为什么不虚心向他们求教，和他们一起奋斗呢？”于是，井深大信心满满地投入到了工作当中。就像是盛田昭夫放权给他一样，他把各个事务的处置权下放给各个部门，比如他让市场部全权负责产品调研工作。市场部的同事告诉井深大：“磁带录音机之所以不好销，一是太笨重，每台大约 45 千克；二是价钱太贵，每台售价 16 万日元，一般人很难接受。”他们给井深大的建议是：公司应该研发出质量较轻、价格低廉的录音机。

与此同时，井深大让信息部全权负责竞争对手的产品信息调研。信息部的人告诉他：“目前美国已采用晶体管生产技术，不但大大降低了成本，而且非常轻便。我们建议您在这方面下功夫。”在研制产品的过程当中，井深大和生产第一线的工人团结协作，终于合力攻克了一道道难关，于 1954 年试制成功了日本最早的晶体管收音机，并成功地推向市场。索尼公司凭借这一创新产品，傲视群雄，进入了一个引爆企业发展速度的新纪元。

井深大取得了伟大的成就，成了索尼公司历史上无可替代的优秀人物。在这个事例中，我们应该注意到最为重要的两个环节：盛田昭夫放权给井深大，井深大放权给其他部门。在充分授权的前提下，索尼公司发挥出了团队的整体作用，调动了每一位员工的积极性，把团队的力量发挥到了极致，从而取得了巨大成功。

对于企业管理者而言，把工作交给下属，是一件非常重要的事情。只有把工作任务交给下属去完成，才能提高下属的知识和工作技能，从而给自己留出更多的时间做管理工作，使自己成为一名卓越的管理者。

不要使下属反感你

想要与下属有效地沟通，首先要使下属对你不反感，否则，任何形式的沟通都是低效的。英国心理学家欧弗斯托认为，良好的沟通，往往取决于管理者以怎样的方式展开话题。他指出，如果想指正员工的错误，应以宽容的态度表达你的思想；如果想改变员工的自负心理，最好以幽默的方式开头；如果员工是一位冷冰冰的人，就让微笑先来融化他。所以，为了使下属不反感，你要尽力做到以下几点：

1. 宽容

工作中，许多管理者会与员工斤斤计较，不久，便会让自己成为孤家寡人，经常让自己陷入尴尬的境地。在与员工沟通的过程中，必须学会宽容。当你急于强调员工的错误时，请不要忘记，任何尖刻的话语，都只会加深员工对你的积怨。员工之所以会对一些上司反感，并避而远之，是因为在错误面前，他们很少能够得到上司的谅解，甚至不被信任。相互之间缺少一种默契，人们彼此之间的距离自然就会疏远。

著名的文学大师雨果曾说过："世上最宽阔的是海洋，比海洋宽阔的是天空，比天空宽阔的是胸怀。"所以，宽容是有效沟通的开始，更是令员工感动的方法。

有这样一则故事，说的是有一位老禅师，一天晚上在寺院里散步，突然见墙边有一张椅子，他一看便知有弟子违反寺规越墙而出。老禅师并没有生气，他走到墙边，将椅子移开，就地而坐。不一会儿，果真有一个小和尚从外面翻墙过来，他踏着老禅师的肩膀跳进了院子。当他双脚落地时，才发现刚才踏的不是椅子。小和尚十分惊慌，但是，老禅师没有责备小和尚，而是平静地对他说："夜深天凉，快去多穿一件衣服。"小和尚很是感动，从此，再也没有违反过寺规。

宽容是一种无声的力量，它可以让你不再为别人的错误而惩罚自己，让对方觉得你心胸更博大。

2. 赞美

赞美必须真诚。真诚是人与人之间顺利交往的基础，真诚是实现协调融洽交际气氛的关键。管理者在不了解下属的情况下，只能讲些"年轻有为，前途无量""干得不错"之类缺乏感情的公式化语言，这是很难打动人心的。人们希望得到赞美，但这些赞美应该能真正表明他们的价值。就是说，人们希望你的赞美是你预想的结果，是你真正把他们当成值得赞美的人而花费了精力去思考才得出的结论。真诚地赞美他人要有一定的前提，失去以下论述的前提，真诚便带有虚假性质。

言之有物的赞美能真正表露出对方的心血、精力之所在。对一位下属如果只说他很能干，倒不如说某件具体事他办得很漂亮更实在些。一位工作有成就的人，听到的恭维话自然很多，你泛泛地称赞他的能力，好似把一杯水倒进海中，毫无影响。不能激励他的工作不说，没准还会打消他的积极性。如果你对他的工作确有了解，或者你作为外行能了解他的工作性质、意义，那么这种称赞的效果就会强烈得多。

赞美的动机要纯。生活中往往会出现这样的情况，因赞美者动机不纯，使措辞失去了作用。一般明智的人总是很警觉"溢美之言""胡吹乱捧"，尤其是赞美者希望通过赞美得到好处，听者的防范大多很明显。

赞美下属不可频繁。一个人如果一个月之内受到多次表扬，也许会使他产生自满的心理，总认为自己是不错的。一旦缺乏压力，人就会自傲、自满、懒惰、不思进取，容易犯错误或做错事。精明的管理者应该巧妙、合理地运用表扬这一调动下属积极性的武器，指挥有方、随机应变。

3. 重视部下的尊严

你的每一位员工和部下都有一个基本的愿望：希望得到共处、共事者的重视、尊敬和好感。他希望，他的共事者能认识到这一点，并在行动举止中顾及这一点。他希望能够证实，他的特点和风格被接受并得到重视。他希望自己作为人，作为一个独立的个体，能得到尊重和信任，而不只是因为“生意上的因素”。他期待一种特别的为他量身而做的合作方式，而不愿被等闲对待。他特别渴望受人欢迎的感觉，他希望能证明自己是讨人喜欢的，与他共事合作会给人带来愉快。

下面我们就来看一看，哪些行为会让对方感觉到你高高在上的优越感和恩赐施舍般的态度，会让人感到贬抑不快甚至遭受伤害，从中我们就能了解，在与人沟通和合作时，傲慢自负是愚蠢至极的。傲慢具有强大的杀伤力，有时，仅仅是一点倾向和苗头就可长期性地损坏已建立起来的各种关系。所以，在和你的员工和部下的交往中，请注意不要给人留下任何举止傲慢的不良印象。若你想与员工和部下建立特殊的良好关系，傲慢更是大忌。

避免高高在上地发号施令。有些话语，其实动机是颇为友善的，但结果却错误地传递了充满贬义、缺乏尊重的信息。缘由往往就是使用了教训或命令的口气。因此，请不要采用以下的表达：

“您现在可以坐下了。”你的部下肯定不会把这种“准许”当作慷慨来理解。相反，他期望的是礼貌地请坐，而不是告诉他这个可以那个不准的一道道命令。

"我们将在……之内办好，在这期间您可以去……"你的同伴能理解这话的弦外之音，他得做点不那么乐意做的事：耐心等待。而出于保险起见，还有人教导他如何好好安排这段时间。显然，别人并不需要他，似乎他连自主思考的能力都没有。

"您应该做的是……"或"您必须……"你的员工和部下会乐意接受推荐或建议，但绝不是以训导或命令的形式，那样的话，他大脑中的抗议声肯定是"我偏不必须"！自然，他也可以表面上做得乖乖顺从、毫无异议，可心里的不快和反抗每分每秒都在增长，他默默地寻找着爆发的机会。

4. 幽默

在面对自以为是的员工时，为了与其进行卓有成效的沟通，最好以幽默的话语展开你们的话题，这样的交流就是高效的、坦诚的。

幽默是一种智慧。当你想将自己的意见、想法表达出来时，应该使用幽默的方式，毕竟任何呆板的说教，都只会增加员工的反感，而且员工不会主动接受。

5. 微笑

俗话说："伸手不打笑脸人。"而且，诚挚的微笑最容易打动别人。美国的一家橡胶公司董事长甚至认为，微笑是成功的一把金钥匙。只要你相信自己的微笑可以感染你的员工，你们之间的沟通便是有效的。

有些管理者为了显示自己的威严，故意在员工面前表现出冷冰冰的样子，这样做的目的无非有两个：一是表明自己的地位，二是让员工敬畏自己。其实，这样做最终产生的效果也有两个：一是员工对自己产生反感，二是自己无法了解员工的真实想法。

所以，要使下属不反对，先使下属不反感。人们会痛恨、反感别人的怒斥、批评，但是没有人会反感一个以宽容、幽默、微笑的方式对待自己的人。

第十二章　管人有术，不同人用不同方法

搞定难缠的下属

管理者不得不正视一个现实，在下属之中，忠心而且努力工作的虽然是大多数，但是，总有那么一些人，成了最难管教的一群。用“调皮捣蛋”“令人头痛”这样一些词语来形容他们都不为过。他们花费了上司很大一部分精力，拖住了很大一部分人的工作效率，“搞定他们”是管理者必做的功课。

调皮捣蛋的下属虽然是个别的现象，但是如果处理不好，他们就会像传染病一样四散蔓延。问题会变得越来越严重，坏风气有可能腐蚀整个团队。因此，捣蛋的下属即使是个别现象，也有必要予以重视，切记不能放任自流。

王海是某物流公司的经理，下属有大学毕业科班出身的员工，有中学还没有毕业的拉货司机，各色人物无论知识、阅历、性情参差不齐。王海将这一班人物管理得服服帖帖，他总结自己的经验时，谈到了管理学上的“骆驼理论”。

人具有“骆驼的某种特性”。在骆驼的骆峰上压上重物，骆驼走起路来才平稳，才有节律，它们会顺着头驼一路安静地前进。遇到沙暴时，背负重物的骆驼也不会轻易随风而逃。而那些背上没有重物的骆驼，就成了最难以管教的家伙。它们四处张望，搜寻小草，追逐异性，把工作当作了休闲时光。

对个别人，使用高压手段，对他们毫不手软，决不姑息迁

就。上司借助打击“个别人”达到“杀鸡给猴看”的目的，以警示一批他们身后的潜在效仿者。在打击之后，要采用“怀柔政策”。对那些被打得抬不起头来的人，也要安抚一下，这样做有利于收拢人心，也有利于对这批人分化瓦解。对个别有好转的人要及时进行表扬，树立“放下屠刀立地成佛”的榜样，以号召他的“同党”归降。

对于难缠的下属，管理者又不能完全运用压服的办法。一般来说，对不同的员工存在的问题，上司要采取不同的做法。对那些故意窝工、怠工、工作效率低的员工，管理者可将工作定额、工作量与奖金挂钩；对偷工减料、贪小便宜、挖墙脚、揩油者，用监督与奖惩相结合的办法。

如果管理者高效率地搞定几位难缠的员工，将有效地提高自己的管理水平，提高团队战斗力，完成任务达到目标。

对女强人多加肯定

不可否认，现在高层还是以男性为主的，女性高层主管的数量相对较少。如何安抚手下的女强人确实有些棘手。

宁静担任某跨国大公司的营销经理，负责国内某区域的化妆品市场。为了挤进公司的主管阶层，8 年来，她已经付出了不少的努力。

总经理吉姆两年前加盟这家公司，他上任不久就了解到，公司的产品在国内市场已没有多少潜力可挖，他致力于开拓海外市场，并把自己前任公司年轻聪明的业务主管马克带了过来。马克在宁静手下做了很短一段时间的助理，就被提升为国际营销经理。马克的表现超乎公司对他的期望，在他的努力之下，欧洲、日本市场发展迅速，利润增幅较大。

宁静仍然是局限在国内市场，少有表现的机会。她觉得自己在吉姆到来之后根本没有发展的机会。宁静虽然有着平易近人的性格，但也具备强烈的女权主义思想，平日大部分的主管同事总是小心地避免和她顶撞冲突。大体来说，她和他们之间相安无事，但大伙儿对她敬而远之，也没办法培养朋友之谊。

吉姆也觉得没法跟她坦然相处，本着互不打扰的原则行事，其实从内心来讲，吉姆对她的工作很赏识，只是从来没有对宁静讲起过。有一次，由于缺少沟通，两人关系出现了紧张的局面。

吉姆第一次主持的董事会议，请宁静做会议记录却碰了个钉子。因为宁静事前并未被告知开会的主题，吉姆根本就不想把他的计划告诉她。终于，宁静按捺不住找上门来。

没等她开口，吉姆先发制人："我正要跟你谈谈就要召开的会议内容。你已经做了8年国内市场销售经理，我想也该有所改变了。"他接着说："鉴于政府和消费者对公司的压力日益增加，我们需要一位代表，能列席政府单位以及消费团体的会议，为公司说话，而你正是最佳人选。不光是因为你有营销的经验，也因为你是女性，你更能博取主妇型消费者的同情。"

"非常抱歉，您的好意我心领了，但是我更喜欢继续营销方面的工作。"宁静打断他的话。

吉姆从未见过态度如此强硬的下属，强压住心头的怒火："这似乎不太可能，除非你愿意做马克的副手。公司势必要把营销组织集中起来，我已允诺要任命马克总体负责全球的营销业务。"

"原来如此！"这时宁静忍无可忍，脾气爆发了出来，她对着吉姆吼道，"你是一步一步逼得我走投无路……"见宁静情绪如此激动，吉姆赶忙解释，自己非常器重这个代表的工作，绝不是降级。但是宁静哪听得进去，她冲出门去，"砰"的一声，门在她的身后关上了。

事情到了如此尴尬的境地，吉姆一时不知如何是好。吉姆不得不承认，他忽略了一点，应该先让她表示一下意见。

这个事例表面上是一个女性争取权益的问题，而事实上，宁静是男是女并不是问题的关键。一开始，当吉姆接任总经理时，他从前任的公司带来了一位“年轻聪明的业务主管”，这直接导致了不幸的后果。

吉姆上任后并没有将对宁静的工作赏识及时表达出来，没得到肯定的宁静不知道自己在上级心中的形象，这就为误会创造了一个前提条件。

如果吉姆在充分了解宁静对公司的贡献之后，给她一个试验的机会——派她做海外营销经理，也许就不会出现后来的两难境地了。可是在吉姆男性主义的脑子里，总对她不很放心，怀疑她与外国买主商谈的能力是否强，立场是否坚定以及自信心是否十足等。再加上对吉姆而言，旧下属马克的能力他早已一清二楚，而对宁静则了解不多。

这个事例给我们这样的启示：要想安抚好女强人式的下属，首先要肯定她的工作，并让其知道你对她的赏识。除此之外，男上级在与女下属相处时还要注意以下事项：

一是距离要保持好，公私分明，杜绝流言蜚语。

二是注重细节，答应或者承诺了的小事情，一定要做到。

三是主动关心，有困难要主动帮助，女性大多数时候有困难不会主动说。

四是必要的时候，以制度为先，可以在会议中先立下制度，方便管理。

五是有的人说要情绪化管理，意思就是多和女下属进行工作上的互动，可以多表扬一下。

削去员工的“刺”

有些下属，本事不大，牢骚不少，对自己的能力认识不清，总是觉得给别人做下属屈才。不仅影响了领导的工作，更重要的是对工作环境造成了影响。这样的人，给他出个难题，让他在众人面前“显示”自己的所谓“才能”，就能够封住他的嘴巴。给他一些难题，使他有自知之明，再辅以教育，会彻底解决他的自以为了不起的心态。

某研究所有名副科长因为没有被提拔为某重要课题研究室的负责人而心生不满，但是他不是从自己身上找原因，而是归咎于领导有偏见，因此对研究所的领导“看不顺眼”，到处散布所谓收礼受贿之类的谣言，还屡屡向上级提出转业申请，严重影响了领导的正常工作。研究所领导对其进行了严肃的批评后，该副科长仗着自己的老资格，我行我素，成了有名的“刺头”。

为教育本人，领导决定指派他到研究室临时“帮助工作”，目的是让他找镜子照照自己。果然，干了一段时间后，该副科长自觉难以胜任，主动回到了原单位。于是，研究所的领导约见了他，告诉他：如果不思悔改，部队将考虑接受其转业申请，要不然就请他老老实实地做好自己的工作。至此，该副科长好像挨了当头一棒，头脑清醒过来，表示会彻底检讨自己的过错。

许多单位都有个别颇难对付的“刺头”下属。对待这些下属，作为领导，应该因势利导，热情帮助，积极督促他们改掉坏毛病，向着好的方向转化。

对待“刺头”员工，还有一种更高明的办法，即“一物降一物”。所谓一物降一物，就是利用下属的缺点、毛病来制服下属，或者利用下属之间的矛盾，指使这一下属去制服那一下属，领导不用亲自动手，就能达到控制下属的目的。

这种方法，不仅可以省去管理者不少精力和时间，而且可以彻底制服这些下属，化害为“利”，充分利用这些特殊下属为自己服务。“一物降一物”驾驭“刺头”下属常见的手段有：

（1）以严治“恶人”。某下属品行恶劣，不服管教，谁也制服不了他。领导特意将他交给一个以严著称的管理者整治，没用多少时间，该下属就变老实了。

（2）以懒人治懒人。张三办事不勤快，爱动嘴，不动手；李四干活节奏慢，干一天，歇半天。领导干脆将他们搁在同一个科室里，给他们规定下各项硬指标，并且指定由李四“管”张三。这样一来，他们谁也依靠不了谁，完不成任务都得受罚，没用领导费嘴，他们都变“勤快”了。

（3）以能人治能人。李四才华出众，傲气十足，经常顶撞领导；王五知识渊博，能力非凡，经常在领导面前发表不敬之词。于是，就让他们都不能直接和领导打交道，将他们都交给精明强干、足智多谋的领导管理。

（4）以贪人治贪人。甲圆滑，待人处事爱占小便宜，从不愿吃亏；乙也是如此。领导故意将他俩安排在一起，指定甲管理乙；由于两人都有同样的毛病，谁也不愿意吃亏，但也很难再做到事事都占便宜。时间长了，两人便达成默契，双方利益均摊，谁也不占谁的光。通过这种方法，限制了甲和乙的“危害性”。

上述手段，在运用时，只要适宜、对路，一般都能制伏“刺头”下属。

与狂傲者和谐相处

有的下属仗着自己才高，就目空一切，恃才傲物。谁都看不起，包括自己的领导。但他又有一手好技术或绝活，团队离不开他，因此，领导者掌握这种下属的个性并学会与之和谐相处，是非常有必要的。

身为领导者必须拥有一颗宽容的心。时刻保持冷静，以宽容的态度对待那名不把你放在眼里的下属，不仅仅是为了在他人眼中更进一步地树立自己成熟稳健的形象，而且你的做法本身也是对他的一种教育。

在美国前总统富兰克林·罗斯福还是个心高气傲的年轻人

的时候，曾在海军的一个部门担任副官。而他的顶头上司是一位年长而和蔼的老人，他总是对罗斯福微笑着，尽管罗斯福常常对他傲慢无礼，甚至骂他“老古董”。上司几乎对罗斯福的每一个意见都仔细地考虑和研究，对其略加改动后立即采纳。这令罗斯福愈发自信，并且对工作投入了更大的热情。他们的合作渐入佳境，老人依旧和蔼如故，罗斯福却逐渐抛弃了激进傲慢的性格，他感到有种力量在改变他，但他却不知道那是什么。许多年之后，当他已不再是个毛头小子的时候，他总是不自觉地回忆起那段时光，老人的无私豁达让他时常为自己过去的行为自责。同时，罗斯福也逐渐明白了老上司的良苦用心。

一个人狂傲未尝不可，但狂妄就不好了。自命不凡，以为自己是旷世之才，老子天下第一，前无古人后无来者，如果一个下属狂妄到了这种地步，那真是叫领导者头痛。如果领导者掌握了他们的心理后，就可以有的放矢，采取有效的方法来和他们接触。

（1）用其所长，切忌压制打击或排挤。恃才狂傲之人，大都有一技之长，否则，就没人买他的账了。因此，领导者在看到他不好的一面时，一定要耐心地与他相处，要视其所长而给予任用，绝不能因一时看不惯，就采取压制的办法，把他搁在一边不予以重用。

这样，只会让其产生一种越压越不服气的逆反心理，在需要用他的时候，他就可能故意拆你的台。因此，领导者每碰到这种人，就要想想刘备为求人才三顾茅庐的故事，毕竟你是在为整个集体的利益，而不是为你个人的利益在求他、和他接触，因此，在这种人面前即使屈尊一下也不算掉价。

（2）用其短挫其傲。狂傲之人虽然在某些方面某个领域内才能出众，但他仍有他的不足和缺陷。因此，领导者也可利用这点来让他自己看到自己的不足，以自我反省，消除自己的傲气。譬如，领导安排一两件做起来比较吃力估计完不成的工作让他做，并事先故意鼓励他：好好做就行，失败也没关系的。如果他在限定的时间内做不出，领导仍然安慰他，那么，他就一定会意识到自己先前的狂妄是错误的，并会从此改正。

(3) 要敢担担子，以大度容傲才。这种人什么工作都不放在眼里，即使再重要、再紧迫的事情，他们也会表现得漫不经心。所以，常常会因其疏忽大意而误事。作为上司切不可落井下石，一推了之，要勇敢站出来替部下担担子，使他感到大祸即将临头，领导一言解危。日后，他在你的面前再不会傲慢无礼，甚至会对你言听计从。

用事实堵住牢骚

施布尔是一家大公司的一个小班长，手下管着十来人，虽然每次他都能把上级交给的工作完成得井井有条，但上级都不太喜欢他，甚至有点烦他，但对他又无可奈何，因为在工作上他做得很优秀。那又为何这样呢？原来每次上级部门给他这个班布置生产任务时，他总会抱怨：“我每个月就拿这么一点点薪水，凭什么要交给我这么多任务。”

后来，这事被分公司的总经理知道了，他派人对施布尔的工作进行详细考察后，不仅没有批评他，反而提升他为他所在部门的副经理。果然，他上任不久，就把这个原本效益不好的部门弄得有条不紊，利润也增加许多。并且，他对于上级交给的任务也不再有抱怨了。要下属不发牢骚是不可能的，通常的情况是下属发牢骚领导听不见。作为领导，若听到下属发牢骚，首先要问，他们为什么会发牢骚，进而调查清楚他发牢骚的原因。

如果是因为他有能力和才干却受排挤或岗位不适当，则要给予他更合理的职务，以发挥其才能，平息他的牢骚。如果下属在性格上就是一个爱抱怨、爱发牢骚的人，则领导应借机会教育和警示他们，使他们改正。

例如：有些下属整天抱怨工资太低、领导看不起他，别人升迁了为什么自己就没有，成天怨这怨那的，而对于自己的本职工作又不能完成得很好。对于这样的下属，领导者可大声地训诫他：你什么时候把自己的本职工作做好了再来找我。或者，还可以采用一种更巧妙的方式。去另找一个有水平和办事能力并且任劳任怨的人，然后把同样的任务分别交给这个人和那个发牢骚者去做。

有一个生意人想买一批番薯，于是，就派他的两个学徒去市场了解一下行情。学徒 A 去了一会儿就返回了，他一面埋怨今天天气太热，他跑出一身的汗，一面向老板报告今天市场上番薯的价格，便骂骂咧咧地去冲凉水澡了。

学徒 A 冲完凉水澡，学徒 B 才汗流浃背地返回到店里，他不仅向老板汇报了今天市场上番薯的价格，还把了解到的昨天和前天的番薯价格一并告诉了老板，并向老板提供参考说今天的价格是最低的，恐怕到明天就又会涨价反弹。老板觉得学徒 B 分析得有道理，于是，又叫他去市场上找一个卖主来店里谈判。这时，学徒 B 却一指门外说：我考虑到老板你有可能要买，所以我已叫了一个卖主在外面等候了。老板到外面一看，觉得质量不错，价钱也确实比前几天低廉，于是就很快把那个人的番薯给订了。

如果你是一个领导，假设也有部下 A 成天发牢骚，指责领导为什么只升迁部下 B 而不晋升他，你就把同样的一件事交给他们两个去做，让事实来说话，让事实来堵住部下 A 的牢骚之口。

正确对待攻击型下属

在团队里有这样一种人，他们总是喜欢不遗余力地攻击指责别人，或散布流言飞语，或造谣中伤，或出言不逊地辱骂等。

如果他们出于不怀好意的目的对领导者或其他成员进行攻击，领导者除了要勇于面对恶意的进攻之外，还应注意与这种人的相处方法与技巧：

(1) 给对方发泄的机会。当对方情绪激动，一时无法控制场面时，管理者可以先给对方一点时间，让对方把火发出来。

(2) 适时打断。当对方说到一定程度时，管理者可以打断对方的话，随便用哪种方式都行，不必客气。

(3) 站着比坐着更易失控。一般说来，站着不易控制情绪变化，如果可能，设法让其坐下来，使他不那么好斗。

(4) 表明自己的观点。管理者应适时地以明确的语言阐述自己的看法，让对方明白其实是误解或者原本就是一场误会。

(5) 避免正面冲突。管理者最好不要与对方发生针锋相对的正面争执，最好避免与对方抬杠或贬低对方。

(6) 不在公开场合解决问题。越是在公开场合越不易解决问题，如果需要并且可能，休息一下，平息彼此的情绪，再和他私下解决问题。

(7) 必要的友好。在强硬后作一点友好的表示是很有必要的，可以缓和紧张的氛围。

管理者要想正确对待攻击性的下属，就要具体情况具体对待，其中最关键的一条，就是弄明白你所遇到的是不是真正的攻击。然后再考虑和选择自己的行为方式，要不要针锋相对地予以回击。根据日常的表现，下面几种情况很容易被误认为是攻击，管理者必须充分认识清楚这些情况：

第一种情况：由于对某种事物持不同的看法，对方提出了比较强硬的质疑或反对意见。此时，如果你能够给予必要的解释和说明，矛盾很可能会很快的解决。

第二种情况：由于自己对某事处理不当，对方在利益受损的情况下表示不满，提出抗议。如果的确是自己处理不当，或虽则并非失误，但确有不完善之处，而对方又言之有理。那么，尽管对方在态度和方式上有出格的地方，也不能看成是攻击。

第三种情况：由于某种误解，致使他人发脾气，或出言不逊。在这种情况下，只要耐心地、心平气和地把问题澄清，事情自然也会过去。如果领导忽视了判别与区分真假攻击的不同，往往会铸成大错。

以上 3 种情况都不是针对性的恶意攻击，即便管理者完全能够确定他人在对你进行恶意攻击，也不必统统地给予回击。在与下属的交往中，对付恶意攻击最好的方式莫过于不理睬他。如果你不理睬他，他仍不放松，那也不必对着干。因为这样恰恰是"正中下怀"。不难发现那些喜欢攻击他人的人，大多善于以缺德少才之功消耗大德大智之势。你和他对着干，他不仅喜欢奉陪，还会恋战，非把你拖垮不可。在这种时候，你应果断地甩袖而去。

中国古代哲学名著《老子》中，曾经有这样一句话："天下莫柔弱于水，而坚强者莫之能先。"

关键时刻拉下属一把

德鲁克说："之所以会拥有良好的人际关系，是因为他们强调自己对工作的贡献以及对别人的帮助。"马歇尔将军在上个世纪 30 年代提拔了一大批优秀军官，其中包括巴顿和艾森豪威尔。"这个人可以干什么？"这是常挂在马歇尔嘴边的问题。德鲁克认为，知道某人能干些什么，那么他的不足就成为次要的了。

黄威因为工作业绩突出，被总公司派到下属一家汽车公司任副总经理。当时这家公司派系之争很严重，几个较大的派系明争暗斗，公司业绩直线下滑。黄威刚刚到任，就被下属们"划归"了某一派系。而对立派时常在工作上给他设置障碍，以此削弱他的威信。对立派中的首要人物是生产部的陈经理。

陈经理工作十分卖力，吃苦耐劳，对公司忠心耿耿。但他最大的缺点是喜欢拉帮结派，对不喜欢的人处处施绊。有一次陈经理犯了一个大错误，与其敌对的其他部门经理都倾向将其开除。陈经理自己也认识到了问题的严重性，也做好了回家的准备。

在研究陈经理错误问题的会议上，这几位经理像是事先约好了似的，一致认为陈经理不可留，列举了他许多不可饶恕的罪状。由于陈经理所犯的错误给公司造成了巨大损失，一向和他有私交的另外两个经理也不好为他说话。陈经理本人也感觉有负公司期望，也不作过多的辩解。

只有黄威还没有表态。黄威是主管人事的副总经理，他的意见将起到决定性作用。大家的目光都集中在他身上，只听他说："我认为看一个人不能老盯住人家的缺点，更多的时候要看人家的优点。人总是会有过错的，在座的这么多人，谁能告诉我，你没有犯过错误？我们要公正地对待，只要功大于过，就是一个好人才。我承认陈经理身上有许多缺点，但是大家也应该看到，他身上蕴藏着许多优点。

"陈经理的工作可以说是很出色的，他干工作的那股劲头，恐怕是在座的各位都不具备的。他对待工作的这种认真负责的精神，在一个团队中，能起到很好的示范作用。仅此一点，我们就没有必要炒掉他，这样的职员是不好找的。他并不是主观上犯错误，而是无意犯下的。有人说，他的这种过错非同小可，给公司带来了不小的损失。是的，他这次是给公司造成了一定损失。但我相信，给他一次机会，他会在以后的工作中加倍努力，把这次的损失补回来。"

黄威的话音一落，整个会场鸦雀无声，陈经理做梦也没想到黄威会替他说好话，感动得热泪盈眶。由于黄威的坚持，陈经理被公司留了下来。黄威在关键时刻拉了陈经理一把，不仅为自己赢得了良好的声誉，还赢得了陈经理的忠心，在以后的工作中陈经理积极配合黄威的工作，成了黄威的一员得力干将。

德鲁克认为，帮助下属是管理者的重要职责。管理者的帮助是下属前进的动力。但需要提醒管理者的是，对下属的关心要体现出纯粹与无私，是最真诚的关怀。如果对下属的帮助怀有私心、渴望回报，这会给下属带来沉重的心理压力，以致上下级关系貌合神离，反而不利于人际关系的维护和发展。

让知识型员工自我管理

知识型员工具有以下特点：

（1）自主性。知识型员工不再是组织这个大机器的一颗螺丝钉，而是富有活力的细胞体。与流水线上的操作工人被动地适应设备运转相反，知识型员工更倾向于拥有一个自主的工作环境，他们不仅不愿意受制于环境，甚至无法忍受上司的遥控指挥，而更强调工作中的自我引导。这种自主性也表现在工作场所、工作时间方面的灵活性以及宽松的组织气氛要求。

（2）劳动具有创造性。知识型员工从事的不是简单重复性的工作，而是在易变和不完全确定的环境中充分发挥个人的资历和灵感，应对各种可能发生的情况，推动技术的进步，不断使产品和设备得以更新。

（3）劳动过程很难监控。知识型员工的工作主要是思维活动，依靠大脑而非肌肉，劳动过程往往是无形的，而且可能发生在每时每刻和任何场所。加之工作并没有确定的流程和步骤，其他人很难知道应该怎样做，固定的劳动规则并不存在。因此，对劳动过程的监控既没意义，也不可能。

（4）劳动成果难以衡量。在知识型企业，员工一般并不独立工作，他们往往组成工作团队。因此，劳动成果多是团队全体智慧和努力的结晶，这给衡量个人的绩效带来了困难，因为分割难以进行。除此之外，成果本身有时也是很难度量的。比如，一个市场营销人员的业绩就难以量化，原因不仅在于营销效果的滞后性，也在于影响营销业绩因素的多样性。

（5）较强的成就动机。与一般员工相比，知识型员工更在意自身价值的实现，并强烈期望得到社会的认可。他们并不满足于被动地完成一般性事务，而是尽力追求完美的结果。因此，他们更热衷于具有挑战性的工作，把攻克难关看作一种乐趣，一种体现自我价值的方式。

（6）蔑视权威。专业技术的发展和信息传输渠道的多样化改变了组织的权力结构，职位并不是决定权力有无的唯一因素。知识型工作者由于具有某种特殊技能，往往可以对其上司、同事和下属产生影响。自己在某一方面的特长和知识本身的不完善使得知识型员工并不崇尚任何权威，如果有的话，那就是他自己。

（7）流动意愿强。知识经济对传统的雇佣关系提出了新的挑战，“资本雇佣劳动”这个定律开始受到质疑。因为在知识经济时代，资本不再是稀缺经济要素，知识取代了它的位置。长期保持雇佣关系的可能性降低了。

德鲁克说：“知识将成为一种新的关键性资源，知识型员工将成为社会新的统治阶层。知识工作者不能被有效地管理，除非他们比组织内的任何其他人更知道他们的特殊性，否则他们根本没用。”德鲁克认为，在当今的企业中，拥有某方面专长的知识型员工越来越多，因此知识型员工的管理问题就越来越突出。知识型员工更加注重精神需求的满足。因此，管理者对知识型员工要更多地理解和交流，没有什么比激励他们的斗志，满足他们的精神需要更重要了。

在知识经济时代，作为管理者，必须深入反思和转型，因为管理对象已发生了巨大变化，管理手段就必须跟进。对知识型工作者的管理，必须建立在人本主义的基础上，他们更需要管理者关注，更需要管理者以一种平等的、友善的态度去交流和沟通，对知识型工作者的管理，将会引起一场管理革命。如果你注意微软或者谷歌，你就会发现，他们的管理模式逐渐变得更加生活化，更加贴近人性，更加符合人的需要，而这一切，在不久的将来，会成为大多数公司普遍的管理模式。

巧妙对付谄媚者

善于讨好谄媚的人在社会各行各业中都可以找到，这类人有一个基本特征：永远不反对或驳斥上司的指示。无论在什么场合下（私人聚会或公开会议上），谄媚的人只会做一种动作，点头同意上司说的每一句话。在他们心里，只相信一个真理：同意上司会令上司对他有好感，而反驳上司的人只会给自己造成不必要的麻烦。

爱谄媚的人总会有这样的念头：许多上司虽然口口声声表示自己很民主开放，乐于听取各方面的批评或意见，其实最讨厌下属指出他们的不是，因为这无形中损伤了他们的权威。实际上，绝大多数上司都喜欢下属赞成自己的提议或想法。既然事实如此，那又何必下那么多无谓功夫，索性从一开始就点头到底好了。

爱谄媚的人不断找寻一位强有力的上司去保护他们，至于个人尊严，早已丢在九霄云外。他们最大的目标，就是使本身的“靠山”高兴，其他一切都不管。除非上司头脑发晕，否则他绝不会培植爱谄媚的人做自己的接班人。因为这类人除了懂得“拍马屁”之外，根本就缺乏主见，一无可取。主管利用他们来替自己办些私人琐事倒是相当理想的，在这方面，他们定能办得妥妥帖帖。

这类人之所以能够在公司生存，乃是由于他们看透了人性的弱点（一些人喜欢听奉承话），更加上他们奉承有术，才能风光一时。对付这类人，最适当的处置方法便是降他们级或调他们到另一部门工作。

面对爱谄媚的人，更令人可怕是“虚应场面”的奉承，当你要求他们批评自己的行为时，他们往往会说些不痛不痒又不得罪长官的话应付了事。

某贸易公司的营业经理，在某个早上的员工会议上对他的下属说：“不要等经理吩咐了才去做，这样太被动了，希望各位能在经理未交代之前，就主动把工作办好。”结果相关单位的主管有了不同的反应。

A职员：“不愧是将来重要负责人的候选人，太了不起了，真令我们年轻人感动，我们一定会好好干。”

B职员：“我认为说得很好。”

C职员：“刚开始的时候，被经理这么教训，觉得很不服气，因为我们一直都抱着自动自发的心态在做事。但是试着反省一下，似乎是不够主动。再仔细想一想经理的训勉，觉得应该更积极地努力工作。都是您的训示让我有所醒悟，今后还是要请经理多指点。”

相比较而言，我们可以看出。A职员是一位典型的谄媚者，再看看反应冷淡的B职员，他就是一种虚应场面的奉承。比较之下，还是C职员的话，较能打动管理者的心。

但作为一个能干的管理者，他所希望的应该是另外一种令他感到满意的反应。以这家贸易公司为例，大部分职员的反应应该是：“经理说的有道理，应该提出一个更能发挥员工独立自主精神的改善方案。”

可是也有人说：“不知道能不能说得更具体一点。依我的看法，是不是等早会后补充说明一下。可能的话，下次早会再将这个问题提出来。不知道您觉得如何？”

尽管这些话令人讨厌，可是每一个管理者都必须听从后者的建议，因为他们提出的，都是忠实的建议，和那些爱谄媚的人不同，你应该很了解，不要理会那种“马屁精”的话。

第十三章　树立权威，让下属坚决服从命令

正直产生约束力

孙子说："卒已亲附而罚不行，则不可用。"（《孙子兵法·行军第九》）意思是说："士卒已经依附到军队之中，如果不执行军纪军法，是不能用来作战的。"

在孙子眼里，管理不仅要军纪严明，更要赏罚分明。最好的赏罚方式一定是坚持正直原则的方式，只有足够正直，才能产生最大约束力。

小沃森认为，一个企业的首脑肩负着几乎像一个政府首脑那样的责任，一个企业首脑可能犯的最严重的错误之一是对主管和员工应用双重标准。

当小沃森最初对IBM实行分散经营时，他一相情愿地假定IBM的所有经济部门都会自动执行同样严格的行为标准。经过几年的观察后，小沃森才意识到，一个总裁必须现场检查他的部下做出的决定。

有一次，在IBM公司下面的一个工厂，一些主管搞起了涉及美国储蓄公债的连锁信游戏。游戏内容是这样的：一个经理写信给另外5个经理，而这5个人又分别给另外5个人写信，其中收到信的每个人都应该给寄信的那个人寄一笔钱，同时给另外的更多的5个人写信，依此类推，不断循环。

这个游戏的范围很快就越出了经理圈子，扩展到了员工之

间。最终的结果就是员工对这个游戏感到了很大的压力．无力向经理们支付那笔钱。但员工们不得不参加连锁活动，让主管们从中捞到好处。

小沃森收到该工厂员工们写来的有关这种活动的投诉信后，把它交给了那个分部的责任人。小沃森以为分部责任人会慷慨激昂地说：

“我们必须开除几个为首的家伙，这件事包在我身上了！”

哪知，他只是轻描淡写地说：“这是错误的！”

结果是，小沃森无法说服这个分部负责人将任何一个主管开除。小沃森对其保护部下的做法表示钦佩，鉴于此，小沃森没有深究这件事，却将此事牢记在心头。

几年以后，还是在那个部门，其中一个主管开除了一个低级员工，因为他偷了一些设计图纸，卖给了另一家公司。应该说开除他是没有错的，只是这个主管的工作方法有些粗暴。

这个员工一生中有一件令他感到自豪的事情——他加入了美国陆军后备役部队。该主管没有到这个员工的家里告诉他：“你偷了图纸，公司将你解雇了！”而是在他去兵营的一个星期后宣布了对他的惩罚。

不知什么原因，军事当局也知晓了此事，于是那个员工在军队的职务也被解除了。这种耻辱使他气急败坏，在随后的几年里，他竭尽全力想尽一切办法与小沃森作对，把一腔怨愤都倾泻到了小沃森身上。

他把画着小汤姆·沃森坐牢的图片寄给他所在选区的参议员和众议员以及最高法院的每一个法官。他死死咬住那次连锁信的事不放，因为他掌握有资料，知道小沃森宽恕了直接责任者。许久以后，这个被解雇的员工才放弃此事。

这一事件的确使小沃森“吃一堑，长一智”。他明白了，维护正直原则对他和他的公司有多么重要。后来，只要管理人员违反正直准则，小沃森就毫无商量余地地将他开除。

总计起来，小沃森开除了十多名管理人员，其中还包括几名高级经理。每次，小沃森都得驳回许多人的意见，这些人坚持认为：只要把当事者降职或给他调动工作就行了，用不着开除，没有他，企业就会解体。事实上，由于小沃森的雷厉风行和毫不留情，公司的日子反而更好过了，组织管理得到了加强，企业运行有条不紊。

正直如同责任、忠诚一样重要。就某种程度而言，正直决定企业的发展方向，保证企业实现良性运转。正直是一种必须坚守的立场，正直是一种价值观。对于企业来说，正直还代表声誉。坚持维护正直原则才能规范企业在良性轨道上有条不紊地运行，为此领导者要做好以下几点：

一是不信谗言。孔子曰："浸润之谮，肤受之诉，不行焉，可谓明也已矣。"暗中传播的谗言，切身受到的诽谤，在你这里都行不通，你就可以称得上明智了。

二是己所不欲，勿施于人。自己不愿听的话，不愿办的事，不要用来教训别人，强迫别人去做，否则谈不上正直。

三是严于责己。多责备自己而少责备别人。自己勇于承担责任，就会增加言语活动的空间，加大领导人说话的自由度。

四是真诚相见。要使别人信任自己，自己首先信任别人。要待人以诚，与人为善。如果花言巧语，伪装和善，怎能取信于人呢?

五是重调查，不盲从。因为真理有时不一定在多数人手里。假如人云亦云，那么领导者的正义和正直就不存在了，有可能冤枉好人，纵容坏人。

六是爱憎分明。坚持原则，对错事加以批评，对好事加以表扬，不能良莠不分。这是领导者正直无私的表现，也是树立领导威信的基础。

七是不喜奉迎。拍马奉迎的人，并不是真正对领导者忠诚，而是怀有个人目的。只有用勤奋工作和出色业绩来支持领导工作的人，才能加以赞赏。

威信使管理变得简单

孙子说："将者，智、信、仁、勇、严也。"（《孙子兵法·始计第一》）在这里，孙子明确提出了一个优秀将领应该达到的标准，而其中的信就是指将帅在治军上的信赏明罚及由此生成的威信。将帅只有树立了威信，才能得到士卒一贯的服从，在战时才能真正做到军令如山，从而最大限度地提升战斗力。在管理上，树立威信是一种极为高明的管理策略。

威信既不是权力和威望的简单相加，也不等同于权力。权力是一种具有强制性的、使人不得不服从的力量；而威信则是通过令人信服的威望、影响力发生作用的。威信是社会对某个人或组织所起作用或所做贡献予以承认的一种特殊尺度，是对个人或组织活动结果的社会评价。在情感状态的基础上，群众会自觉地服从管理者的指挥，接受管理者的影响。

威信是以精神感召力、影响力、凝聚力等使人信服的力量为前提，通过社会或组织赋予的权力来影响和改变他人思想和行动的一种支配力量。

作为企业组织的管理者，你可以运用权力，但不能控制一切。复杂的控制制度并不一定能保证你得到理想的成效。你必须在下属面前树立起威信。

井植熏是日本著名家用电器制造公司三洋电机株式会社的创始人之一。曾在他的二姐夫松下幸之助创建的松下制作所工作，为松下立下许多汗马功劳，他也因此培养了超凡的经营管理才能。

1931年，井植熏就被任命为松下电器制作所的主任，由于在第一工厂的出色表现而被任命为第八工厂的厂长。

第八工厂以收购干电池为主，工人的素质普遍很低，生产方式也非常落后。管理这样一座工厂对井植熏来说是一次非同寻常的考验，何况全厂没有一个他认识的人。

到厂的第一天，厂里的一帮员工就给他来了一个下马威。这些人因为工厂劳动保护条件差，加上长期与制造电池的原料黑铅和锰矿粉接触，又没有环境意识，所以人人都把脸熏得漆黑。他们根本不把白白净净的井植熏放在眼里，当面嘲笑他是个白脸小和尚。而井植熏对此毫不在意，他首先想到的是要把生产搞上去。

但由于工人对他有抵触情绪，所以井植熏工作开展得很困难。这时他如果只以厂长的名义去发布命令，以势压人，很可能会激起更大的对抗，以致最后一败涂地。

于是他一方面向工人们宣传流水线的诸多好处；一方面想尽办法化解大家在情绪方面的抵触。从小练就的酒量这次帮了他大忙。工人们都认为能喝酒的男人是真正的汉子，而真正的汉子才值得大家尊敬。了解到这些情况后，井植熏厂长便开始常同工人一起喝酒，而且表现出很能喝的派头。

有一次他对几个颇有威信的工人说："今天咱们放开喝，谁最后一个醉，今后就要听谁的。"喝酒其实也有不少学问。刚刚干完一天活马上空着肚子喝酒，没几口准得醉倒。有些人也知道这个道理，就吃得饱饱的再上阵，但往往醉得更厉害。而井植熏却有自己的心得，那就是饮酒之前喝大量的水，酒精会随水分的排泄而加速排出体外。

一个是有备而来，一个是仓促上阵，自然胜负立判。几个回合下来，工人们开始信服这位新上任的白脸厂长了。不干则已，干就干到底。不久，他又邀了 5 个最爱喝酒的工人一起比赛，结果又是他赢了。

从此以后，这帮黑脸大汉个个都服了他。抵触情绪一消失，干劲自然就高了，管理对路又上下齐心，生产很快搞了上去。

这件以酒服人的事连井植熏自己也津津乐道。而第八工厂电池产量的快速上升刺激松下电器制作所的“乐声灯”产量增加却成了不争的事实。

领导并不是依靠手中权力强行命令其他人工作。这虽然有时候也行得通，但效果一定不会理想。最理想的方式是树立自己的威信，让员工对你心悦诚服，心甘情愿为你卖命工作。

拿破仑发动“百日政变”，不发一枪一弹就夺回了法国政权。这在别人看来是不可思议的事情，可拿破仑却做到了，原因之一就是他在士兵中享有崇高的威望。

许多人拥有权力，但却不能在人群中树立权威。要获得实际的权威，管理者要做到以下 4 点：

一是要学会察言观色。因为任何管理者的影响力都难以估量，下属也不会明显地表现出对管理者的信任，管理者必须运用眼光和头脑判断自己在别人心目中的实际位置。

二是要能自我控制，并能左右全局，使所有在场的人不偏离主题。当旁人都晕头转向时，你仍能保持清醒，就会拥有更大的权威。一般人不仅愿意与智者接近，也愿意和有大将风度的人为伍。

三是要善于赞美下属。在合适的场合，合适的时候称赞下属，这样能振奋士气，赢得下属的好感。如果善于掌握分寸，则能在影响力和工作权威之间取得恰当的平衡。

四是要有耐心。树立自己权威的过程可能是很缓慢的，不可能一蹴而就，因此必须沉得住气，注意把握分寸。

实现预定目标是管理者的根本任务，在实现管理目标的过程中，管理者的威信起着重大的激励作用。有威信的主管会对下属形成强大的吸引力、同心力，从而产生巨大的工作动力。树立威信，能够使管理变得更简单。

为下属的过错承担责任

在企业的运营过程中，总会存在着失误与过错，管理者对待此类事情的态度往往决定了企业员工的态度。犯错与失职并不可怕，可怕的是否认和掩饰错误。勇于承担责任的管理者，会让员工觉得你是一位心胸坦荡、有责任心的人。因为责任而树立起的威信更能让员工信服，从而为你赢得员工的尊重和支持，否认和掩饰只会一错再错，失去员工的信任。

戴尔公司的老板迈克·戴尔是一位勇于承担责任、能主动承认错误的领导。从2001年开始，戴尔公司开始实行年度总评计划。每位戴尔员工都可以向他的上级、部门经理甚至是迈克·戴尔本人提出意见，指出他们的错误所在。

第一次员工总评过后，迈克·戴尔得到的评价是“过于冷淡”。对此，戴尔本人当着手下众多员工的面承认了自己的问题：“我个人太腼腆，显得有些冷淡，让人觉得不可接近，这是我的失误。在这里我对大家作出承诺，在以后的日子里，我会尽最大努力，改善与所有员工的关系。”

这件事情在后来被人提及：“戴尔先生，你不担心员工提出的问题是你根本不存在的吗？”迈克·戴尔微笑着回答：“戴尔公司最重要的一条准则是责任感。我们不需要过多的借口，只要拥有高度的责任感就行，在戴尔公司你绝对不会听到各类推诿之词。”

戴尔本人的公开表态，在公司内部引起巨大反响。公司的员工们都认为：“老总这么勇于承担‘莫须有’的责任，那么我们还有什么理由不向他学习呢？”因而，“承担责任，不找借口”的风气迅速在戴尔公司内部形成，这也使得戴尔公司迅速拥有了强大的竞争力。

作为企业的管理者，能否主动承担责任，体现了管理者的品格和气度。管理者不仅应该在有任务的时候勇挑重担，更要在出错的时候率先承担责任，把失误、失败的责任也放在自己肩头。

李嘉诚的看法更直接：员工的错误就是管理者的错误。李嘉诚是一个心地非常宽厚的商人，十分体谅部下的难处。

多年的经商经验让他懂得，经营企业并不简单，犯错是常有的事情，所以只要在工作上出现错误，李嘉诚就会带头检讨，把责任全部揽在自己身上，尽量不让部下陷于失败的阴影。他时常说："下属犯错误，领导者要承担主要责任，甚至是全部的责任，员工的错误就是公司的错误，也就是领导者的错误。"

李嘉诚的诚恳态度令人敬佩，他能够勇于承担责任，不找借口推脱的习惯，还要从小时候在舅舅家打工说起。

当时，初到中国香港的李嘉诚，在舅舅家的钟表公司工作。他非常好强，不愿落在别人后面，做事情总是想着如何超越他人。自从加入钟表公司，李嘉诚就非常勤奋，在别人休息时，他还在学习如何修理钟表。为了尽快提高自己的技艺，李嘉诚还专门拜了一个师傅，遇到不懂的问题就去请教师傅。师傅觉得李嘉诚非常聪明，而且又如此好学，也很愿意教他。

有一次，师傅因为被派到外面去工作，李嘉诚便自作主张地开始自己动手修手表。但由于欠缺经验，不但没有修好，反而还把手表给弄坏了。李嘉诚知道自己这下闯了大祸，他不但赔不起手表，还有可能丢掉这份工作。

然而当师傅回来发现李嘉诚把手表弄坏后，却没有骂他，只是轻描淡写地告诉他下次不要再犯类似的错误。同时，师傅主动找到李嘉诚的舅舅，解释说是因为自己一时疏忽不小心把手表掉在了地上，要求给予处分。师傅绝口不提李嘉诚修表的事情，这事使李嘉诚深有感触。

本来是自己的错误却让师傅承担下来，李嘉诚觉得过意不去，于是就向师傅道谢。结果师傅告诉他："你要记住，无论以后做什么工作，作为领导者就应该为自己的下属承担责任，部下的错误就是领导者的错误，领导者应该负起这个责任。否则，就不配当领导。”

尽管当时的李嘉诚年纪很小，没有完全领会师傅的意思，但是这句话却如同烙印一样深深地印在他的脑海里——主动为部下承担过失的领导者，才是一个好领导者。

在出了问题的时候，管理者主动承担责任而不是逃避、推诿，不但可以稳定军心、保持士气，还有助于找到症结、解决问题。即使承担了一时难以辨明或与自己无关的责任，也不要紧，这样既可以彰显品格、凝聚人心，又可以在事情水落石出后赢得员工的敬重。

不找借口，能够勇于承担责任的管理者，展现的是一种高风亮节与光明磊落，不仅能让上司器重，更能增加威望，令下属更易管理。

树威的第一要素就是严

树立威信的第一要素就是“严”。严就是严格要求，它包括两方面的含义：一是管理者对自己要求要严，凡事要从我做起；二是对下属要求要严，事无巨细，都要严肃认真，一丝不苟。

1. 多思慎言

为使管理者发出的指令得到最有效的施行，管理者要做到说一不二、言出必行。为此要遵循如下规则：

（1）言必行，行必果。管理者的一举一动，必会引起下属及广大成员的注目。此谓“船摇一尺，桅摆一丈”。因此，管理者应该对自己的言行抱着戒惧、审慎的态度，才能名副金口玉言之实。

一言既出，驷马难追。圣人接触别人，小心言行，不为防人，只为防口。人之口舌软而无规，人与人之间，舌之作用可当得半个人。身处高位的人，一咳嗽、一眨眼都会引起众人的注意。

鉴于此，管理者修正自己的言行就非常必要，那些轻视这个道理与原则的人，必定会不时引起社会舆论的攻击，因而倍受困扰。因为地位愈高的人，他们在外的名声愈是属于整个社会。

遵循尊重别人、谨言慎行的原则，一片赞誉定然是伴随着你的；反之，则说不定。越是有声望的人，越应该谦虚地审度自己的言行。否则，声望也有可能走向反面，正所谓不积小善，无以成名；不积大恶，不会有灾；小恶多积，恶掩善言。

(2) 重义守信。命令不能轻易下达，既然下达就需要有人不折不扣地执行。说了就不可轻易改变，一旦改变了，再去执行当然不好办。君子一言，驷马难追。说到做到，是树立权威的妙法，所谓信义，不过如此。

2. 积小成大

作为管理者，能够发号施令使下属依己之意行事，这当然是一件好事，但树立权威却不是一件简单的事，只有从小事做起，在管理工作中注意细微小事，才能树立自己的威信。

下命令的人是自由的，被命令的人可就没那么自由了。要求下属必须遵从，就必须具有足以让下属心服口服的理由才行，这样的威信只有靠平时一点一滴地积累才能树立起来。

经过一番奋斗，你终于脱颖而出，同事和上司也认同你的能力，但是你对此应该有个正确的认识，要做到以威信服人，而不能以权势压人。

假若你的能力与职位存在差异，无法完成基本的任务，你就应该坦白相告，如果说些丧气话或埋怨组织，就不可能树立威信，长此以往，只能因令人无法忍受而被弃用。当然，如果这只是一时的情绪，还是可以原谅的。平时不妨尽量放松心情，千万不可一上任便威风八面，这样不但不能树立权威，反而会逐渐丧失人心、失去支持，成为孤家寡人。

作为管理者，虽然常有泰山压顶之势，你也要做到不慌不忙，从容处置，你的坦然也可以产生一种威权。

3. 近则庸，疏则威

管理者与下属保持距离，具有许多独到的驾驭功能：可以避免下属之间的嫉妒和紧张，减少下属对自己的恭维、奉承、送礼、行贿等行为；可以避免对自己喜欢的下属认识偏颇。

管理者只有善于把握与下属之间的远近亲疏，才能使自己的管理职能得以充分发挥。

有些管理者想把所有的下属团结得像一家人似的，这个想法是很可笑的，也是不可能的。如果你现在正在做这方面的努力，劝你还是赶快放弃。事实上，与下属建立过于亲近的关系并不利于你的工作，反而会给你带来许多不易解决的难题。如在你做出某项决定要通过下属贯彻执行时，恰巧这个下属与你平常交情甚笃，你的决定恰巧与他有关，为了支持你的工作，他放弃自己暂时的利益去执行你的决定，这自然是最好不过的。但是，如果他是一个不晓事理的人，就会找上门来，依靠他与你之间的关系，请求你收回成命，这无疑是给你出了一个大难题。收回，必然会受到他人非议；不收回，就会使你与这位下属的关系恶化，他也许会说你是一个太不讲情面的人，从而远离你。

4. 以身作则

管理者表现自己权威的一个重要方面就是做出更大的业绩，用业绩说话，以业绩来树立权威。我们平常所说的“是骡子是马牵出来遛遛”就是这个道理，只要有真才实学，只要有能力做出成绩，何愁没有权威呢？

某公司经理上任伊始，一改前任领导做事拖泥带水的风格，决心整顿公司陈务，并且制定出相应的对策。首先自己带头遵守公司的新规章，但效果并不理想，经过了解，才知道公司员工对他持一种观察态度，不太信任他的能力和专业水平。

鉴于此，该经理决定亲临第一线，与销售人员一道奋战。一个月后，公司业务量大增，效益也大为改观，员工内部赞叹声一片。从此，大家都以该经理为榜样，勇于承担责任，积极工作，公司发展前景光明。

这就是典型的以业绩树立权威的例子。但同时也有一些管理者，由于缺乏工作经验和领导能力，上任后被一些琐碎的具体工作淹没，被一些复杂的人际关系缠绕，被一些细小的工作耗费了大部分精力，而使全局的工作失去了平衡，更不能在业绩方面使员工信服，时间一长，没有了权威，弄得自己十分尴尬。

管理者应该严格要求自己，多吃一点苦，为下属多负担一点工作，做出一些业绩来给大家看看，只要用自己的行动干出实绩，下属自然会心服口服。俗话说，群众的眼睛是雪亮的。下属最讨厌的就是光说不练，只要管理者注意多做一些实际业绩，给下属做个榜样，权威自然会有。

身不正者影必斜

管理者在管理活动中，会经常为大家调解纠纷，解决矛盾。在这些事情的处理中，是否出于公心，处理得是否合理，都直接反映了管理者的管理水平，影响着管理者的自身形象。

1. 杜绝假公济私

每一个管理者在自己的岗位上，都希望自己对下属公平、公正、无私无畏。什么才是无私、公平呢？如果现在你手中有一件非常轻松的工作，它只需要花费一点时间和精力，便会立即产生明显的效果，而且这件工作深受组织上下的瞩目，若圆满完成了任务，还有机会和高层管理者见面，得到特别的表彰，此时，你是选择让下属去完成任务，还是自己亲自去解决问题呢?

实际上，这并不是一个很容易回答的问题。作为一个管理者，你是分配给每位下属相同的任务，还是给能力好的下属困难的任务、给能力差的下属简单的任务呢?此时做决定的要诀是无私、公平，即不可考虑自己的利益所在，绝对不可以因为工作轻松又可获得利益，便想掠夺过来，企图“自己做”。因为你的企图很容易被下属看穿，不论何时，由上往下看，往往不太能知道实事；然而，由下往上看，却大致能正确地了解一切。

2. 等距离待人

对下属进行管理不要存有偏见。上司不应对一些人有偏见，对另一些人则另眼相待。“有偏见当然不好，但我们对工作努力的人另眼相待难道也不对吗?”有的上司不明白了。我们的回答是：另眼相待同样有害无益。

对于干得出色的下属当然应该表扬，但是，该表扬的时候表扬，该评功的时候评功，平时还是应该对其他下属一视同仁。这就是说，他靠工作出色赢得了他应该得到的东西，其他方面还是同别人一样。别人若像他一样工作，也能赢得应该得到的东西。这里强调的是工作，突出的是公平。

如果你把一切特权都授予了他，甚至对他做错事也睁一只眼、闭一只眼，那么，你让别人怎么向他学习?另眼相待造成的特殊化，使他和其他人员有了差距和隔膜，别人反而无法也不想向他学习了。人们会因为妒忌、仇恨而消极怠工：“他既然这么得宠，为什么不把所有的工作都给他去做呢?我们忙个什么劲儿!”

一定要给下属一种公平合理的印象，让他们觉得人人都是平等的，机会也是均等的，他们才会奋发、才会努力。这样做，对做出成绩的人也有好处，有助于他戒骄戒躁，不断上进。

对女性或其他弱势群体的人员也不能另眼相待。确实不适合女性工作的岗位，干脆就不要安排女性。体弱的人员也是一样，要么明确规定半休，在规定的工作时间内也要和其他人员一样工作。

我们不要以为好心一定能办好事，像另眼看待这种“好心”，不论对自己、对他人都是有害无益的。

管理者一定要给下属一种公平合理的印象，对待每个人都要客观、公正，让大家觉得机会均等、人格平等，这样他们才会积极主动地做事。成功者戒骄戒躁、精益求精，后进者不断上进、积极追赶，只有形成这样一种氛围，才能进行有效的管理。

总之，管理者在处理与下属的关系时，要一视同仁、不分亲疏，不能因外界或个人情绪的影响，表现得时冷时热。有些管理者虽无厚此薄彼之意，但在实际工作中难免愿意接近与自己爱好相似、脾气相似的下属，无形中冷落了另一部分下属。因此，管理者要适当地调整情绪，增加与自己性格爱好不同的下属的交往，尤其对那些曾反对过自己且反对错了的下属，更需要经常交流感情，防止造成不必要的误会和隔阂。

有的管理者对工作能力强的下属，亲密度能够一如既往；而对工作能力较弱或话不投机的下属，亲密度就不能持久甚至对其冷眼相看，这样关系就会逐渐疏远。有一种倾向值得注意：有的管理者把同下属建立亲密无间的感情和迁就照顾等同起来。对下属的一些不合理，甚至无理要求也一味迁就，以感情代替原则。这样做，从长远和实质上看是把下属引入了一个误区。而且用放弃原则来维持同下属的感情，虽然一时起作用，但时间一长，“感情大厦”难免会倾覆。

3. 洁身自好

管理者在交往中要廉洁奉公，要善于摆脱“馈赠”的绳索。无功受禄，往往容易上当，掉进别人设下的圈套，从而受制于人。有功于人，也不要以功臣自居，否则施恩图报，投桃报李，你来我往，自然会被“裙带”缠住，也会受制于人。

馈赠是一种加强联系的方式，这往往诱使管理者误入歧途。有些馈赠的背后隐藏着更大的目的，特别是在有利害冲突的交往中，随便接受馈赠，等于授人以柄，让别人牵着鼻子走。

管理者在交往中尤其要注意自己身边的人员，从实际情况来看，管理者的行为在很大程度上受制于其贴近的人，这些人对于管理者既有积极作用又有消极作用。平时，管理者在一些事情上是依靠他们实现管理的，而他们又转靠“别人”的帮助来完成管理者的委托，于是就出现了“逆向”的情况。管理者周围的人可直接影响管理者的行为，而“别人”又可左右这些人的行为，这里存在着一条“熟人链”。显然，这些人不仅向管理者表达自身的需要，而且还要为“别人”办事，这自然增加了制约因素。

总之，管理者应该注意不要受身边人的制约，不仅要调整好与他们的关系，还要提高他们的素质，避免给工作增加阻力和困难。

领导应是员工学习的榜样

领导必须保证他人最为优先的需要能首先得到考虑。他们必须问问自己服务的对象是否获得了成长——变得更健康、更聪明、更自由、更富于自觉性、更能干以及更可能像自己一样成为公仆式领导。领导应以服务作为其领袖气质的内涵。

富有领袖气质的领导者为他人树立榜样，他们乐于以衡量他人的同一标准来约束自己。富有领袖气质的领导者身先士卒，他们实实在在地说到做到。

领导者之所以身先士卒，是因为这样表明了自己对理想、方案或服务的一种坚定信念。身先士卒为领导者的尽职尽责提供了确凿的证据，它表明领导者愿意亲身实践，愿意从新方法的试行中吸取免不了的教训。

此外，通过身先士卒，领导者还可以满足下属不断探索未知领域的渴望；其下属也可以从他们的领导那儿学到各种经验，当知道自己并非是孤军奋战时，下属们会感到更加满意。

通过身先士卒，以身作则，并在重要事情上倾注大量时间和精力，领导便会成为人们仿效的榜样。

榜样能给人巨大的影响，富有领袖气质的领导人都明白这个道理。美国前副总统林伯特·汉弗莱说："我们不应该一个人前进，而要吸引别人跟我们一起前进。这个试验人人都必须做。"这就是说，以身作则可以成为富有领袖气质的领导者的一股强大的力量。与你并肩前进的人总是比跟在你后面走的人更努力，也走得更远。

富有领袖气质的领导人认为：领导者是被学习的榜样，不是被赞扬的对象。树立榜样就意味着富有领袖气质的领导者要发展诸如勇气、诚实、随和、不自私自利、可靠等个人品格特征。为别人树立学习的榜样，也意味着富有领袖气质的领导者坚持道义的正确性，甚至当这种坚持需要付出很高代价的时候，也得坚持。

诺贝尔和平奖获得者阿尔伯特·施韦泽说："在工作中，榜样并不是什么主要的事情，但那却是唯一的事情。"富有领袖气质的领导人认为，伟大的梦想并非单靠一位领导人就能独立实现。"领导"是群策群力的共同努力。领导楷模会赢得同仁们的全力支持与协助。富有领袖气质的领导人一定能以身作则，透过能创造"进步"与"冲劲"的简单日常行动，先树立典范并带头实践。富有领袖气质的领导人是透过奉献热忱，及以身作则的实践力来领导群雄的。为了领导有方，富有领袖气质的领导人很清楚自己的领导原则。领导人固守自己的信念，此外，富有领袖气质的领导人有流利的口才，以阐述共同的价值观。光是这样还不够，富有领袖气质的领导人的行为、言辞更重要，而且前后一致，一以贯之。这样，富有领袖气质的领导人才真正成为了下属的榜样。

“我尝试着以身作则来领导，我希望他们做什么自己就先做什么。结果他们的表现超出我的预期。”士官长吉儿·韦德森如此说道。她是美国首位荣获陆军训练士官年度奖章的女性得主。她的伏地挺身比其他人都厉害，每分钟可以做 35 下；她每天工作 17 个小时；在雨天或泥泞中，仍坚持穿上烫得笔挺的制服和擦拭光亮的靴子。

韦德森并不是用言词来说服或教导手下学员，而是用她的行动。富有领袖气质的领导人明白刻意地塑造示范是必要的，它可以让人们将注意力、精力和努力投注在被期待的行动上，直到这些行动成为执行的标准步骤，也就是每天例行活动的一部分。

表率就是领导者的领导力

身为领导者，重要的是能够作出表率，以身作则，严于律己，用行动感化下属。

一天，曹操出兵攻打张绣，途中路过一处麦田。为安抚民心，曹操下了一道军令，命令官兵不准践踏麦田，若有违令者，予以斩首。所以，官兵在经过麦田时，都下马小心翼翼地走，没有一个敢践踏的。老百姓看见了，纷纷称颂曹军。

可就在曹操骑马路过麦田时，田野里忽然飞起一只鸟儿，惊吓了他的马。那马飞速蹿入田地，踏坏了一大片麦田。曹操见状，立即要求随行官员治自己的罪，说：“我作为军队首领，自己违反了自己下达的命令，更应该被斩首。”说完抽出腰间的佩剑要自刎，被众人连忙拦住。

这时，谋士郭嘉引用《春秋》上的“法不加于尊”一句为曹操开脱，曹操沉思了好久，说：“既然《春秋》上有‘法不加于尊’的说法，那就暂且免去一死。但是，我犯了罪也应该受到处罚。”他一边说着一边用剑割下自己一束头发，掷在地上，对众官兵说：“割发权代首。”

在古代，人们认为，头发由父母处继承而来，随便割掉不仅大逆不道，而且还是不孝的表现。曹操作为封建社会的政治家，能够割发代首，以身作则，真是太难能可贵了。

在戏剧里，曹操是白脸，被称为“奸雄”，这是骂他为人奸诈。然而在“割发代首”的故事里，我们却看到了一个能够以身作则、严于律己、用行动感化下属的领导者形象。可以想象，曹操之所以取得与刘备、孙权三分天下的战果，除了他惯于使用计谋之外，其凭借以身作则获取下属之心，赢得良才，也是一个重要的因素。

同样，在现代管理实践中，作为一个领导者，只有严格地要求自己，起好带头表率作用，才能折服众人。正所谓“己欲立而立人，己欲达而达人”，只有自己能够做到的事情，才能要求别人也去做到。

联想集团在柳传志的带领下，由一个只有20万元的企业发展为今天有上百个亿的大企业，成为中国电子工业的龙头老大，而柳传志也被人们看做民族英雄，成为一个具有崇高威望的企业领导者。的确，联想能有今天，与柳传志善于凭表率服众的人格魅力是分不开的。

联想内部有一条规定，开20个人以上的会迟到要罚站1分钟。第一个被罚的人便是柳传志的老领导，罚站的时候这位老领导非常紧张。柳传志没有为自己的老领导“法外施恩”，而是对他说：“你先在这儿站1分钟，今天晚上我到你家里给你站1分钟。”柳传志说到做到，当晚就到老领导家里践行诺言，把对方感动得不得了。柳传志自己也曾被罚站过3次，其中一次是因电梯出现了故障，他被困在里面，结果误了开会时间。但柳传志没有以电梯出现故障为理由，照样遵守公司的规定，自己给自己罚了站。

就做人而言，柳传志有一段很有名的话：“第一，做人要正。虽然是老生常谈，但确确实实极为重要。一个组织里面，人怎么用呢？我是这么看的，人和人相当于一个个阿拉伯数字。比如说10 000，前面的1是有效数字，带一个0就是10，带两个0就是100……其实1极其关键。很多企业请了很多有水平的大学生、研究生，甚至国外的人才，依然做得不好，是因为前面的有效控制不行，结果也只能是0。所以，作为‘1’的你一定要正。”柳传志是这么说，也是这么做的。例如在联想的规定里，就有一条是“不能有亲”，即领导的子女不能进公司。柳传志的儿子是北京邮电学院计算机专业毕业的，但是柳传志不让他到公司来，因为怕子女们进了公司，将来不好管理。

表率就是领导者的领导力。领导者要经营和管理好一个企业，需要具备多方面的能力，但最基本的一条则是树立榜样，凭表率服众。你希望员工如何做，做到什么程度，你应当先给他们一个示范。正是柳传志善于以身作则，表率服众，联想的其他领导者都以他为榜样，自觉地遵守着各种有益于公司发展的“天条”，才使得联想的事业得以蒸蒸日上。

振臂一呼，应者云集的领导力绝不是领导职位本身能赋予的，没有追随者的领导者剩下的只是职权威慑的空壳。因此，领导者必须以身作则，养成良好的工作习惯和培养良好的道德修养，唯此，才能获得更多的追随者，获得更多更优秀的人才，凭此才能成就大事业。

既要避亲又要避疏

在冷风瑟瑟的冬日里，有两只困倦的刺猬想要相拥取暖休息。但无奈的是双方的身上都有刺，双方无论怎么调整睡姿也睡不安稳。于是，它们就分开了一定的距离。但又冷得受不了，于是又凑到了一起。几经折腾，两只刺猬终于通过自己的努力找到了一个合适的距离，又能互相取暖，又不至于刺到对方，于是舒服地睡了。

刺猬能够舒服地睡着而不刺到对方，就是因为他们之间保持了合适的距离。有人说，恋人必须保持一点距离，这样，才能使魅力永恒。距离产生魅力，距离维持魅力，这是一个“相对真理”。在博弈管理艺术中也应遵循这一点，管理者与下属相处时，更应记住保持一定的距离。当然，若距离太远，“可望而不可即”，让人“敬而远之，望而生畏”“神圣得不可接近”，似乎也没人买账。

所谓距离有几种：一种为心理距离，即在内心保持这种意识。你所做的一切，密切联系“中间派”也好，与“中间派”打成一片也好，只是为了更有效地开展你的工作，巩固你的地位，维护你的权威，而不是真的你好、我好，大家忘乎所以。

另一种为实际接触距离，由接触的远近、频次来表现。离得太近，接触太频繁，都是实际接触距离不当。在与“中间派”的相处中，绝不能让他们觉得与你交往可以无所顾忌。

与疏远者尽量靠近。对于与上级关系疏远的人，作为上级应主动努力去缩小距离。缩小距离的措施，主要是针对造成疏远、反感的原因，或采取改变时间条件，或采取相似性吸引和接近性吸引，或采取报偿性吸引和仪表性吸引。通过改善条件、增强吸引来实现彼此了解，不断增进友谊，逐步改善关系。如果采取冷落、排斥态度，必然会导致距离越来越疏远，关系越来越紧张。

与亲近者保持适当距离。“亲者严，疏者宽”是管理者处理上下级关系的重要原则。这实际上是说，要通过“宽”“严”来调节自己与不同人的关系。事实证明，上级偏袒亲近者，也是不平等待人的做法，往往对工作和上下级关系不利。明智的领导者不仅要对亲近者与疏远者平等对待，而且要与亲近者保持适当的距离，不要发展到亲密无间的程度。

人都有这样一种“惯性”，即“得寸进尺”。你要是对他近乎些，久而久之，他便会由最初夸赞你这位领导没有架子开始，进而和你称兄道弟，不分轻重，说不定还会将自己的意愿与你的指挥做一平衡。

一天，李萍在自己的办公室里接待一位客户，张敏敲门后进来，以为没有别人，就冲着晓萍问：“嗨，老妖精，今天晚上去看电影怎么样？我搞到了两张票。”李萍的脸色立即很不自然，看都没看张敏，只说了一句：“你风风火火的像什么样子？这是在办公室。”张敏愣了一下，这才发现在那张宽大的黑色沙发里，坐着一个穿黑风衣的瘦小的老者。

李萍由于与张敏的距离保持不当，才发生了上述尴尬的事情。管理者可以一直以“与中间派打成一片”的形象出现，这样“中间派”可以比较自由地向领导者反映各种情况，还可以在非正式的场合称呼随便点。但是，绝不能允许他们没上下级观念，也不能允许他们太放肆。得让“中间派”清楚，领导永远是领导，无论领导多么和蔼可亲、多么平易近人，他也是为了更方便地开展各种工作、实施各项措施。领导艺术的高明、巧妙，只是从另一方面证明了他是一位领导的事实。让“中间派”感觉到这一点，既利于自己决策的平稳展开，也在不知不觉中树立了领导者个人深入群众、深得人心，同时又有工作魄力、有业务能力的良好形象。

业务部的杨菁是个很能干的女孩子，去年还成了全公司的销售状元，由此深受陈经理的赏识。杨菁活泼大方，性格外向，所以陈经理和她很谈得来，经常在工作上帮助杨菁，杨菁本来人就很聪明，受高人指点，这下业务能力大有提高。第二年年底，杨菁被陈经理任命做销售部主管。做了主管后，由于要花一些精力管理，杨菁的销售业绩有所下降，公司的风言风语就多了起来。一天她和陈经理一起吃饭，隔壁房间传出几个同事熟悉的声音："看，杨菁现在卖不出东西了吧！这都怪陈经理用人不当。""杨菁本来就没有管理能力嘛，也许是陈经理看在她天天陪吃饭逛街的分上，给了她这么个安慰奖。"杨菁和陈经理面面相觑，两人再无半点食欲。

上司可以与员工关系和谐，但不必太过亲近。这里面有个"度"的问题，一旦越过上下级，进入私密的领导层，不仅不利于对员工的管理，而且还会产生很坏的影响。

企业内部建立、健全各项管理制度，使企业的一切行为规范化、制度化。制度管理是管理的方法和手段，亲情和感情管理是一个企业的企业文化，它应该融合在企业的管理制度中，在企业的管理制度中体现出来，而不能"凌驾"独立于企业的管理制度。否则，实行亲情管理和感情管理，就会增加管理者决策的随机性、人为性和不稳定因素，从而产生员工之间的不公平、不对等的情况，从而降低员工对企业管理的信任度。

上级与下属之间往往存在着或亲或疏的现象。其实这也是必然的。造成亲疏的原因多种多样，既有时间因素，又有空间因素，还有文化素养和性格、志趣因素等。时间是事物过程的展开，人与人之间友谊的加深，离不开必要的时间积淀，上下级之间也是如此。一般来说，相处时间越久，感情就越深；相处时间越短，感情就越浅。上下级之间思想文化素养接近，思想和智力的组合就易于和谐，就容易建立亲密关系；思想文化素养相差太远，思想和智力组合必然欠佳，就不容易建立亲密关系。性格相合易相吸，志趣相投易交往。这些都会给上下级关系的密切程度带来一定影响。此外，工作性质、能力、资历、对上级工作的支持程度等，也影响上下级的关系。

人都有"热熟"的心理。生人或接触有限的人，因为摸不清底细，便不敢轻举妄动。大家相当熟悉，没有了距离，从生活习性到特长爱好，了如指掌。根据你的喜好投你所好也好，知道你的弱点采取相应对策也罢，你每行一步都在别人的掌握中。如此，你是领导者，还是被监控的对象，甚至被利用的傀儡？

对大多数人来讲，“威严”是制造出来的，人和人能差到哪里去？为什么一人必须听从另一人的指挥？就是因为他有一个上司的头衔，这头衔便是对距离的一种丈量。

管理者既要避亲，防止因为与员工过分亲近而影响自己的权威，也要极力避疏，防止失去领导和控制，防止没有人追随自己。

一旦决定惩罚就不要手软

领导者对部下“打巴掌”的时候，不能姑息手软，技巧性的要诀就是：稳、准、狠。一定要打得准，打得绝。这样才能给他留下深刻印象，达到惩罚的目的。

第一要稳。采取强硬手段惩罚一个人，有时要冒很大风险。这主要在于，被惩罚者有时有良好的人际关系，有时掌握着关键技术，有时有着很硬的后台。但领导者不能因为有这些担心就不敢果断采取行动，事实上，只要谨慎行事，就可以既达到惩罚目的，又不会出现不利的后果。拿这样的人开刀，要对其背景多加考虑，慎重行事。惩罚不当终会带来抑制和报复，因此在动手之前首先应想到后果，拿出应对一切情况发生的可行办法。

第二要准。批评、惩罚都要直接干脆，针对其弱点，直刺痛处，争取一针见血。

第三要狠。一旦认准时机，下定决心，便要出手利落，坚决果断，毫不容情。切忌犹疑不定，反复无常，拖沓推诿。

一些杰出的领导者的经验是：“一旦采取坚决措施，便变得冷酷无情。”即使当他们不得不解雇某人时，也并不因强烈的内疚而变得犹豫不决。这样做，也是在向众人显示，我这一做法是完全正确、适宜的，这是最好的选择。

要加强对员工的约束，有强化纪律的书面制度，保证下属受到公平的对待，避免一时冲动给他们严厉的惩罚。

如果是第一次犯错，口头警告，让他们知道哪里错了，指出应该如何改正。同时，记下这一次错误发生的具体情况，让他们真正认真起来，明白对于任何错误，领导者都是不会熟视无睹的。

第二次犯错，书面通知他们，并警告说下次犯错误受罚、扣工资或者换工作。如果屡教不改，根据公司规定和员工所犯错误的性质及程度，给予长短不同的停工时间，停发一切报酬。这是给予的真正惩罚，丝毫不能手软。

第三次犯错，降职、降级，或者调换工作、开除。可根据具体情况，做出上述惩罚之一。其中调换工作是最常见的，因为这样既可减少解雇给员工造成的打击，又可以使自己减少一个问题户。

上司在惩罚下属时往往也是迫不得已，但一旦做出决定，就不能心慈手软，要讲究稳、准、狠，否则只会降低自己的威信，反而导致下属的放任自流，无法形成严明的纪律。

第十四章 高效管理，创造管人最大效益

实现企业内部和谐

在现代商业社会里，只有保持企业内部和谐，企业才能上下拧成一股绳，具有强大的战斗力，才能在市场竞争中攻城拔寨，获得发展空间。

实现企业内部和谐，是企业获得快速发展的根基。所谓企业内部和谐，就是指企业运用一整套合理的原则和科学有效的方法，调整、协调和改善企业内部不同层次干部之间，职工之间以及干部与职工之间的关系，谋求相互间的信任与支持，以创造最佳的工作环境。

在现实的经济生活中，我们可以清楚地看到，企业内部关系对企业的成败影响极大。一些企业之所以具有较强的凝聚力和竞争力，正是他们注重搞好企业内部关系的缘故；而一些企业之所以无活力，生产经营不景气，也是与他们没有搞好内部关系分不开的。

职工要有积极性，企业要有凝聚力和竞争力，都是以企业内部关系和谐作基础、作保证的。同时，还要看到，重视企业内部关系和谐是企业管理的一大国际趋势，内部关系和谐管理对于创造新型雇主与员工的关系，缓解劳资矛盾，开发员工潜能都能起到很好的作用。现在可以这样说，不重视企业内部关系和谐管理，就不是重视人的因素，就没有抓好企业管理的

根本。

在企业的经营原则中，很重要的一条就是“和”。企业家仿佛管弦乐队的指挥。他把所有演奏者集中在一起，根据他们的专长，发挥各种乐器的特点，指挥他们奏出优美动听、和谐的旋律来，企业成功需要的是每个员工的通力合作，企业要充分调动和发挥每一个职工的专长，只有团结一心，才能有洋溢着活力的、富有韧性和刚性的集体。

王先生刚进入一家跨国公司做业务工作时，专业与工作潜质都很不错的他却要面对一个令其烦恼的问题：工作繁忙造成自己缺少知心朋友，在与客户打交道时会不经意地压抑自己，结果经常发生冷场等尴尬局面，并由此影响到了王先生的自信心，干扰了正常的工作。

部门经理发现这种情况后，为了及时帮助他克服上述问题，采取了一系列帮助措施。最后，王先生消除了内心的焦虑，业务工作步入正轨，与上司和同事的关系也变得日益融洽了。

从上面的事例可以看出，领导者要注意采取有针对性的措施，建立与下属和谐相处的人际关系。因为现代企业首先是一个团队，需要大家的合作才能发挥其应有的效能；如果同事相互猜疑，甚至恶言相向、落井下石，那么企业只能面临落败的结局。

按照儒家的礼治观点，就是要人们在遵守礼法的前提下和睦相处。礼作为一种广义的交往形式和规范，其原则首先表现为“和”。所谓和，从消极的方面看，主要是化解主体间的紧张与冲突；就积极的方面而言，和则指通过彼此的理解与沟通，达到同心同德，协力合作。孔子崇尚的是一种和谐的意境，因而也是一种美的意境。

企业要想发展，和谐的内部环境的重要性不言而喻。和谐的企业内部环境，会使人的潜能得到充分发挥，工作能力会有较大的提高，也乐于从事工作。和谐的企业环境可以减少人际关系的摩擦，减少不必要的心理负担和协调双方关系所需要的时间成本，从而提高工作效率。

可以说，没有和谐的内部环境，就无法应对日益激烈的外部市场竞争，企业根本就没法生存。就如社会稳定对国家一样重要，如果企业内部员工相互之间不信任，他们就会把巨大的精力放在处理相互关系中去，如果一个企业的评价系统倾向于此，那么这一企业的竞争能力就会降低，生产效率也会低下。

这里需要提醒管理者注意“和”与“同”的区别，不能片面地认为“和谐”即是“同一”，如果稍有不同、略有分歧，就认为是“不和谐”。否则的话，企业组织在贯彻上面的意图时，常常习惯于“照本宣科”，照抄照搬，不敢发挥；习惯于“一言堂”，粉饰矛盾，掩盖问题。整个团队看似表面同声一气、高度统一，实则隐患无穷。

管理者的唯一使命就是促进和谐。和谐的企业不是一个没有矛盾的企业，而是一个能够有效缓解内部矛盾的企业，一个多种声音并存的企业。管理者要想把一个企业发展好，就要坚持“和而不同”的思想，鼓励百花齐放，百家争鸣，允许不同意见的表达，鼓励大家畅所欲言，见仁见智，各抒己见，求同存异。这样，才能真正形成一种既有民主，又有集中；既有自由，又有纪律；既有统一意志，又有个人心情舒畅的良好局面，进而实现企业和谐这一目标。

不要让员工对考核恐惧

提到考核，很多员工都会心里发憷，莫名地恐惧，因为员工对考核结果毫不知情，结果的不确定性使其内心不安。作为企业组织，对员工进行绩效考核是必需的。但是，一个让员工恐惧的绩效考核方案，首先就失败了一半。员工在恐惧心理的作用下，是没有创新力和战斗力的。

不科学的绩效考核会使员工感觉企业就是不留情面、榨取自己血汗的冰冷的机器，而卓越的绩效考核制度是原则和灵活相结合的，它始终是人性化的，是合情、合理、合法的，它给员工的感觉是温暖如春，可以成就自我价值的。

员工绩效排名方式曾被认为是最有效、最具人性化的考核制度之一。美国通用电气公司的前首席执行官杰克·韦尔奇就特别善于使用员工绩效排名。他把员工依照绩效排出名次，如果倒数10%的员工工作表现在接受培训后依然无法改观，那就可能面临被解雇的危险。对于那些落后的员工，韦尔奇并不是粗暴地砍掉，而是为他们制订成长计划。员工绩效排名使通用电气的员工表现非常突出，他们面对的不是业绩压力，而是自己的成长压力，只有自己不断进步，才能避免使自己成为队尾的人。

其实，绩效排名只是一种考核方法，评估员工绩效还有更好的方法，企业管理者只要能够设计出让员工对工作结果负责、信息沟通渠道畅通、以工作表现为基础的薪酬报酬机制，能够在机制运行过程中保证公平、公开、透明、人性化，公司便可以达到期望的管理效果。

国内某食品公司就建立了一套新颖的员工绩效评估方法。每年年初，公司的近万名员工都要根据自己的工作内容制定出8—12个工作目标。领导和员工讨论这些目标后，一同为这些目标排序。企业管理者会全年评估追踪员工在这些目标上的表现，并且在必要的时候提供协助。年底考核，员工的绩效便以这些工作目标的重要程度及完成程度为基础。

绩效考核的人性化，就是把员工作为绩效管理的主人来看待，而不是一味地当成暗箱操作的对象。要把员工当成绩效管理的主人，企业的制度设计就得把持续沟通的思想融入到整个绩效管理的过程中，以提高员工的绩效为目的，把直线经理看作员工的绩效合作伙伴，让直线经理和员工始终站在一起，共同完成绩效管理的过程。

英国一航空公司在员工绩效考核方面，突出了领导者的作用。该公司将员工绩效分为“不及格”“及格”“良好”“优秀”“卓越”5类，主管将员工绩效分类后，不对员工进行评比或者排名，而是给予具体的评述和建议。该公司认为，员工绩效考核能否成功，直线经理是最为关键的一点，因此公司会对公司的管理者进行员工绩效评估能力的培训。与此同时，对于员工绩效表现的各个类别，公司通过审慎研讨后进行严格定义。直线经理在评估员工时，必须严格按照定义的客观标准进行考核。

无论什么样的绩效考核方式，人性化是最为重要的。对于企业管理者来说，只有制定越来越人性化的绩效考核，才会削弱员工莫名的恐惧，使员工不由自主地激情迸发、昂扬奋进。当未来变成员工一种美好的愿景，当考核结果成为一种诱人的果实，那么考核就不再是约束和批评，而是激发人们潜能，成就人们价值的兴奋剂，人们会自觉、自愿地奔向未来，积极地去摘取这一胜利的果实。

适时地为企业打强心针

20世纪80年代初，雷齐公司的高级领导者们发觉公司已有一些老化的现象，于是他们决定积极采取行动以改善这种状况。雷齐公司的高级职员，每年都到加州蒙利湾北边一个不对外公开的场所度3天假期，同时研讨企业的发展战略。1981年也不例外，时间一到，公司高级职员们就度假去了（这个公司的管理职员，25年来几乎没有变动过）。

第一天下午会议开始的时候，董事长保罗·库克开始宣读企业策略大纲，强调工作环境的变迁及各方面的牵制，这些枯燥的东西让人意志消沉。库克读着读着，突然停顿下来，大吼道：“都是些狗屁不通的东西！”接下来他宣布现在是重新评估公司、摆脱一切束缚、重新开始的时候了。

十多位参加会议的员工都惊呆了，等到他们听到直升机在房子上低飞、降落在海滩上的声音时，他们更吃惊了。库克要求全体人员都得把刚进门时送的听力器、随身听带在身上。

黄昏的时候，直升机载着这帮人起飞，越过蒙利湾到达另一岸。在飞机上每个乘客都拿出耳机，插入飞机的音响系统。音乐和太平洋日落的景色相互烘托，而保罗·库克的声音就在悠扬的音乐声中响起。他说明下面几天的行程都会改变，所有的限制束缚都不存在。这代表一个新开始、新展望，并指出许多简明、易记并极富挑战性的成长和创新目标。

直升机降落了，3 天惊人的疯狂日程也随即展开。以往的会议多半是由各经理向库克及总裁作报告，但这一次，库克和总裁亲自做了一打报告，亲自领导讨论，每一个问题都逃不过被提出讨论的命运。

度假中也有一些有趣的小插曲发生。例如，有一天，全体人员走过停车场去吃饭时，看见停车场上站了两头大象。每头象身上都挂了一块三角旗，上面写着这次会议所提出的目标。而以后 10 年，公司都朝着这个目标迈进。

企业到一定程度就会老化，这是一种自然现象，这时就要重新注入能量，重新充电，打强心针，通过一些强烈的刺激来恢复企业的活力。这种刺激不是常规的、循规蹈矩的手段能做到的，而一些非常规的、反传统的，甚至几近疯狂的行为或举动才可以起到这种效果。

人都有惰性，在企业待久了，从事同一职业时间过长，思想便容易僵化，没了刚开始的热情与锐气。打破日常生活的常态，尝试在工作中做一些改变，则可以重新激起人们原有的激情与活力，打造一片新天地。

帮助员工树立工作信心

休斯·查姆斯在担任“国家收银机公司”销售经理期间，曾面临一种最为尴尬的情况：很可能使他及手下的数千名销售员一起被“炒鱿鱼”。

原来该公司在财务上发生了一些问题。更糟糕的是，这件事被在外头负责推销的销售人员知道了，并因此失去了工作热忱，销售量开始大幅度下跌。到后来，情况极为严重，销售部门不得不召集全体销售员开一次大会，在全美各地的销售员皆被召去参加这次会议。

查姆斯先生亲自参加并主持了这次会议。

首先，他请手下几位最佳的销售员站起来，要他们解释销售量为何会下跌。这些推销员在被唤到名字后，一一站起来，每个人都有一段最令人震惊的悲惨故事要向大家倾诉：商业不景气、资金缺少，人们都希望等到总统大选揭晓之后再买东西，等等。当第五个销售员开始列举使他无法达到平常销售配额的种种困难因素时，查姆斯先生突然跳到一张桌子上，高举双手，要求大家肃静，然后，他说道：“停止，我命令大会暂停 10 分钟，让我把我的皮鞋擦亮。”

然后，他命令坐在附近的一名小工友把他的擦鞋工具箱拿来，并要这名小工友替他把鞋擦亮，而他就站在桌上不动。

在场的销售员都惊呆了，有些人以为查姆斯先生突然发疯了，人们开始窃窃私语，会场的秩序变得无法维持了。在这同时，那位小工友先擦亮他的第一只鞋子，然后又擦另一只鞋子。他不慌不忙地擦着，表现出了第一流的擦鞋技巧。

皮鞋擦完之后，查姆斯先生给了那位小工友 1 毛钱，然后开始发表他的演说：

“我希望你们每个人，”他说，“好好看看这个小工友。他拥有在我们的整个工厂及办公室内擦皮鞋的特权。他的前任是位白人小男孩，年龄比他大得多，尽管公司每周补贴他5元的薪水，而且工厂里有数千名员工，但他仍然无法从这个公司赚取足以维持自己生活的费用。

"这位小男孩不仅可以赚到相当不错的收入，不需要公司补贴薪水，而且每周还可存下一点钱来，而他和他前任的工作环境完全相同，也在同一家工厂内，工作的对象也完全相同。

"我现在问你们一个问题，前一个小男孩拉不到更多的生意，是谁的错？是他的错，还是他的顾客的错？"

那些推销员不约而同大声回答说："当然了，是那个小男孩的错。"

"正是如此，"查姆斯回答说，"你们现在推销收银机和一年前的情况完全相同：同样的地区、同样的对象以及同样的商业条件。但是，你们的销售成绩却比不上一年前。这是谁的错？是你们的错，还是顾客的错？"

同样又传来如雷鸣般的回答："当然是我们的错。"

"我很高兴，你们能坦率承认你们的错，"查姆斯继续说，"我现在要告诉你们，你们的错误在于，你们听到了有关本公司财务发生困难的谣言，这影响了你们的工作热忱，因此，你们就不像以前那般努力了。只要你们回到自己的销售地区，并保证在以后30天内，每人卖出5台收银机，那么，本公司就不会再发生什么财务危机了，以后再卖出的，都是净赚的。你们愿意这样做吗？"

当然，所有的人都说愿意。这些工作多年的推销员，缺少的不是工作经验或能力，而且是对公司状况的信心。一个实力强大的公司，忽然财务困难，甚至导致几千人面临失业的危险……这些消极情绪吞噬了他们乐观向上的精神，他们当然也不再有什么工作热忱。然而，这种悲观的态度、消极的做法，却把自己和公司推上了绝路。

休斯·查姆斯正是看到了这一点，并且巧妙地运用一个惊人之举：站在大会的办公桌上擦皮鞋，引出了擦鞋小工友的故事，以此一针见血地指出了销售成绩下降的根本原因，并借此机会破除了弥漫在公司里的悲观情绪，为推销员注入了生机和活力。

效果不难想象，国家收银机公司又取得了优异的销售纪录，安然地渡过了难关。一个擦皮鞋的小男孩，为公司带来的效益是100万美元！

信心和热情是人类一切事业成功的关键。这一点对于销售工作尤为重要。作为领导者，如何从根本上消除员工的悲观失望情绪，树立他们的信心，激发他们的工作热情，是企业能否走向成功的命脉所在。

态度决定一切。积极自信的人会迸发出惊人的创造热忱和工作热情，完成不可完成之事。

注重员工的精神待遇

员工的待遇包含两个部分——物质待遇和精神待遇，有时也称外在待遇和内在待遇。物质待遇主要指薪酬待遇，如薪水、福利、津贴、奖金和股票期权等；精神待遇是指工作的胜任感、成就感、责任感、受重视程度、影响力、个人成长和富有价值的贡献等。

员工除了有物质待遇方面的需求以外，还有精神待遇方面的需求。精神待遇具有隐蔽性的特点，它常常容易被员工和管理者忽略。

隐蔽性特点首先表现在：精神待遇与物质待遇相比，精神待遇不像物质待遇那么容易测算和衡量，它难以进行清晰地定义、讨论和比较。所以，在谈到待遇时，员工和管理者都倾向于注重物质待遇，精神待遇往往会被忽略。

精神待遇是人的一种需求，它不会因为这种忽略而消失。根据赫茨伯格的双因素理论，人的精神待遇具有两种类型的精神需要，即激励需要和环境需要。激励需要包括工作本身、社会承认、责任、成就、发展、进步；环境需要包括企业政策与行政管理、工资、工作条件、与上级的关系、与同事的关系、与下级的关系、安全、地位。环境需要是保证员工正常工作的精神需要，激励需要是促使员工更好地工作的精神需要。

中国的企业往往不重视员工的精神待遇，认为把“员工是企业的主人”这样的标语刷在墙上就能起到激励员工的作用。在这一问题上，中国企业需要好好地向微软公司学习。

员工会通过对物质待遇和精神待遇的评估来判断他们的努力是否得到了企业的充分回报。由于精神待遇的隐蔽性，员工往往会用对物质待遇不满的抱怨表达对精神待遇的不满。比如，有的员工这样抱怨：“我每天要受这么多气，为什么才拿这一点儿工资？”或者说“我的工作这么枯燥和乏味，工资应该高一些吧”等等。

管理者经常会在没有弄清员工的抱怨之前，就盲目地提高员工的物质待遇。当然，提高物质待遇可以暂时弥补员工对精神待遇的不满，但它并不能从根本上解决由于员工对精神待遇不满而造成的管理上的冲突。所以说，用提高物质待遇的方法来弥补精神待遇的不满是得不偿失的。长此以往，公司的薪酬管理还可能陷入恶性循环。

企业管理者只有明白精神待遇的重要意义，才能全面地把握员工的需求。管理者可以通过改善员工管理体系来提高员工对精神待遇的满意度。另外，赋予员工管理和控制自己工作自由的权利，也可以为提高员工精神待遇的满意度起到积极作用。

如何引出员工的激情

著名管理顾问尼尔森（Bob Nelson）认为，未来企业经营的重要趋势之一，即是管理者不能再如过去一般扮演权威角色，而必须设法以更有效的方法间接引爆员工的潜力，才能创造企业最高效益。

尼尔森认为，未来管理者最重要的不只是与员工在每天的工作中有所互动而已，而且还要做到在不花费任何成本的情况下，去激励、引爆员工的潜力。他提供了几个不需花费任何成本的方法。

（1）有趣及重要的工作。每个人至少要对其工作的一部分有高度兴趣。对员工而言，有些工作真的很无聊，管理者可以在这些工作中加入一些可以激励员工的工作。

（2）让资讯、沟通及回馈管道畅通无阻。员工总是渴望了解如何从事他们的工作及公司的营运状况，管理者可以以告诉员工公司的利益来源及支出动向为开端，确保公司提供许多沟通管道让员工得到资讯，并鼓励员工问问题及分享资讯。

（3）安排富有挑战性的工作任务。核心人才的能力超群，如果他们能挑 100 斤的担子，却只安排了 50 斤，一来会造成人力资源的浪费，二来核心人才也不乐意，会认为自己的价值未能充分发挥。因此，企业要帮助核心人才实现自身的价值，在能挑 100 斤的情况下，让其挑满，并在其乐意的情况下，适当加压，使其工作更具挑战性，并激发核心人才的潜力。要使工作富有挑战性的方法很多，除了上述的下放决策权外，还可以通过工作轮换和工作丰富化来实现。

当核心人才觉得现有工作已不再具有挑战性时，管理者可以把他轮换到水平相当、技术相近的另一个更具挑战性的岗位上去，并在工作中积极引导核心人才开拓创新，这样，由工作轮换所带来的丰富的工作内容，就可以减少核心人才的枯燥感，提高他们的积极性和忠诚度。

（4）参与决策及归属感。让员工参与对他们有利害关系事情的决策，这种做法表示公司对他们的尊重及处理事情的务实态度，当事人（员工）往往最了解问题的状况、改进的方式以及顾客心中的想法；当员工有参与感时，对工作的责任感便会增加，也能较轻易接受新的方式及改变。

（5）独立、自主及有弹性。大部分的员工，尤其是有经验及工作业绩杰出的员工，非常重视私人工作空间，所有员工也希望在工作上有弹性，如果能给员工提供这些条件，会相对增加员工达成工作目标的可能性，同时也会为工作注入新的理念及活力。

（6）增加学习、成长及负责的机会。管理者对员工的工作表现给予肯定，每个员工都会心存感激。大部分员工的成长来自工作上的发展，工作也会为员工带来学习新知识以及吸收新技巧的机会，对多数员工来说，得到新的机会学习与成长，是上司最好的激励方式。

成功在于赢得人心

刘秀领导的赤眉军攻占长安、更始失败以后，朱鲔还坚守着洛阳，这让刘秀无可奈何。刘秀及将领们全力围攻了几个月，损兵折将，但洛阳还是攻不下。面对这种情况，刘秀感到强攻不行，于是开始劝降。他知道大将岑彭曾经当过朱鲔的校尉，所以派岑彭前去说服朱鲔。

朱鲔在城上，岑彭在城下向朱鲔陈述利害得失。朱鲔深知形势对自己不利，只得无奈地说：“大司徒被害时，我曾经参与谋划。我确知自己罪孽深重，不敢投降。”岑彭返回，把这些话向刘秀禀报。刘秀说：“做大事的人不计较小怨。朱鲔现在如果投降，可保全官职和爵位，怎么能够治罪呢？有黄河水在此作证，我决不食言！”

刘秀的承诺使岑彭心里有了底，他再往劝降。朱鲔为了试探刘秀是否真诚，从城上垂下大绳子，对岑彭说：“如果你说的确实是真的，请用绳子上城。”岑彭向前准备攀登，朱鲔看到他的诚意，就答应投降。

几天后，朱鲔把自己反绑起来，和岑彭一起到汉军营中投降。刘秀没有任何责罚之意，还替他解下身上捆绑的绳索，又让岑彭连夜送他返回洛阳城。第二天早晨，朱鲔带领全体官兵出城投降。刘秀任命朱鲔为平狄将军，封扶沟侯。朱鲔后当少府，封爵世代相传。

刘秀的这些包容之举取得了明显的积极效果，很多敌对者见刘秀对于杀兄仇人尚且能委以重任，就更没有顾虑了，纷纷前来投降。由此，刘秀俘获众心，获得了不少有用之才。

老子在谈到领导者应具备包容的胸怀时，以江海来比喻，他说：“江海所以能为百谷王者，以其善下之，故能为百谷王。”意思是说，江海处于溪、河的下游，汇集了千百条溪河的水流，所以能成为烟波浩渺的浩荡大水。

大海容纳百川，所以成就了自己的浩瀚。同样的道理，领导者要想成就一番伟业，必须具备包容、大度的胸襟，才能赢得各路人才的心，使他们归于自己的门下，为己所用。

现代企业竞争最终归结为人才的较量，为了保持战略优势，领导者需要千方百计地搜罗人才，还需要以包容的精神接纳各种可以创造价值的人才。

包容是领导者的智慧。中国古代的管理智慧，十分推崇“小不忍则乱大谋”“君子有容人之量”“宰相肚里能撑船”，这些都是在告诫人们：欲成大事，先有大量。如果领导者心胸狭窄，斤斤计较，对下属非原则性的错误也揪住不放，必然会导致下属心灰意懒，变得诚惶诚恐、患得患失。其结果必然是，组织成员缺乏进取精神、畏首畏尾，直至阻碍企业的发展。所以说，包容既是一种美德，更是一种智慧。优秀的领导者应该具备这种美德和智慧。

让员工保持半兴奋状态

德国网坛名将贝克尔之所以被称为“常胜将军”，其秘诀之一即是在比赛中自始至终防止过度兴奋，而只是保持半兴奋状态。所以有人亦将“倒U形假说”中的“最佳状态”称为“贝克尔境界”。

热情中的冷静让人清醒，冷静中的热情则令人执着。一个管理者必须要既会加油又会泼冷水。既要让员工充满斗志，要给他们加油让他们鼓足干劲，必要时给予激励和奖励，但又不能让员工对眼前取得的小小成绩得意忘形，造成骄兵必败的结果。只有善于让自己和员工时刻处于贝克尔境界，才能算是真正掌握了激励方式。

将军与店主对弈，将军开动脑筋，第一局想以稳对稳。可谁知店主稳中蕴动，机关早成，待将军发觉时败局已定；第二局将军以攻带守，结果又败一局；第三局，将军迭进绝招，最后仍然“束手就擒”。再看那位店主，三局虽早已过了百余招，老将仍然始终未动。

将军问店主：“上次，您拨动老将，战成一负二和；这次您不动老将，却连胜三局，这是为什么？请指教。”

店主笑道：“上次对弈时战事正紧，您将去前线御敌，我下棋也不可挫伤你的锐气。眼下大军凯旋，将军意气洋洋，我胜你是告诉将军要戒骄戒躁。”

将军听后深受启发，向店主深深地鞠了一躬。

员工在工作时情绪也会有高低。为了维持管理工作及员工行为的一致性，管理人员必须在员工情绪低时鼓励他，而在他情绪过高时泼点冷水。

当人处于紧张沮丧的状态时，就兴奋不起来，像一只瘪了的气球软绵绵地贴在潮湿的地面上，这时绝不能再向他泼冷水，而要通过适当的方法给他鼓气，让气球能够重新轻盈灵活地飞起来。

当一个人处于极度兴奋的状态时，激情奔放，同样会失去平衡甚至濒临爆炸的边缘，这时就需要泼冷水适当地让他泄一下气。

美国国际管理顾问公司老板麦科马克就是既会加油又会泼冷水的管理专家。他手下的员工工作不只一项，责任不只一种。如果一个员工把工作做得在别人看来已经够好了，但他总是能在一些瑕疵上给予员工一些训诫；如果员工感到失望了，麦科马克也很容易找点他做得正确的事情来鼓励他。

麦科马克会让员工觉得他们必须掂一掂自己的分量，是否具有“足够的能力”来为他工作。如果有些员工对他做成了一笔生意十分满意时，麦科马克会称赞他做得不错，但他还会说：“国外的代理权给谁拿去了？”或：“我们为什么不那样做呢？”使他不至于太得意，过于自信或过于自满。

当然有时候也需要用相反的办法，提高他的自信心，如拍拍他的肩膀表示鼓励，帮助他看到事物的前途。

大卫和德勒是好朋友，有一次他们一起到剧院观看预演。大卫动不动就发脾气，说话的语气全用命令式，而德勒的作风则完全相反，他始终在称赞演员较为精彩的一面。剧本是德勒的作品，去的时候两人都怀着满心的欢喜。不料一看预演，发现已经到了正式上演的前一天，主角还没把台词背熟。大卫不禁勃然大怒：“你们到底干什么去了，这样怎么能上演！”

在大卫的责骂下，主角抓紧时间拼命背台词，但到了第二天上演，仍然显得有点结结巴巴。

第一幕结束后，德勒来到后台，用双臂使劲地拥住对方说：

“演得不错，相当成功，说话语气也很恰当……”

听了这些话，那位演员精神倍增，信心完全恢复了。在以后的几幕中，台词都流利地背诵了出来，演技也发挥得淋漓尽致，台下掌声雷动。

加油和泼冷水都是促进优秀人才成长的博弈方法，如将二者综合运用，更能够起到单纯地加加油和泼冷水所难以达到的效果。尊重人才的自尊，从正反两方面鼓励他们，让他们意识到自己的重要性，并在他们表现良好时给予奖励，这些都是很重要的。这种表扬最好是公开的、直接的。

一味迁就终成错

在中国南方的一家公司，一批新进人员入职后被分配到各个部门，其中一个大学毕业生张强被分配在营业部从事内勤工作。

跟其他的新人相比，张强的表现可谓十分积极。只要经理下了命令，张强首先会声音洪亮地答应下来，然后迅速采取行动。每次见到这种情形，经理都会心满意足地微笑，认为发现了一个杰出的人才。然而事隔不久，经理逐渐意识到事情的另一方面。原来张强虽然行动迅捷，但常常做错事，这是为什么呢？原来，他总是还没有完全领会经理布置的工作的要领，就开始行动了。经理于是不断地对他进行提醒，可是收效却不大。有时甚至连一件小事，他都得重新返工好多次，对工作的影响很大。

百般无奈之下，经理去找老板商量。经过研究，他们觉得张强在待人接物方面的素质实在太差，不适合负责内勤联络事务，倒不如安排他做一些与人打交道不多的工作。于是，张强被改派到储运中心，专门负责开具进出货传票，从这之后，张强的工作表现就一直比较平稳，没有再出什么大的毛病。

工作满3年之后，公司进行常规人事调动，张强被调到公司生产部经理直接管理的内务组，这又是一份经常处理联络性事务的工作。张强很快就露出了马脚，因为他“很勤快但领会不了指示精神”的老毛病一直没有改掉。最后他引起了大家的强烈不满，大家甚至要求把他调走。但经理觉得他毕竟态度积极，也没太追究。

然而，不幸的事终于发生了。由于张强协调联络不到位，导致一条满负荷运转的生产流水线停止运转一小时。这是一起后果极其严重的生产事故，张强受到了前所未有的严厉斥责。一直受到照顾的他，十分想不通，便赌气不再上班，最后被开除了。

在这个不幸的故事中，张强本人的性格弱点固然是主要原因，但他的上司和领导也负有不可推卸的责任。经理明知道他有“很勤快但领会不了指示精神”的毛病，却没有针对他的缺点采取相应的管教方法。

假如说经理有意识地训练他仔细倾听，而且听后让他复诵几遍，验证确实准确无误后再让他去做。反复不断坚持这样的训练，张强的缺点应该是可以矫正的。可是张强的领导没有这样做，而是迁就他的缺点，把他调到了一个不易出纰漏的工作岗位上去，结果导致他在下一个工作岗位上犯下了更加严重的错误。

第十五章　投资培训，对下属培养很重要

为人才创造成长环境

美国石油大王保罗·盖蒂的事业以惊人的速度发展。未满24岁的盖蒂仅用了两年的时间就已完成了1914年9月开创事业时的目标——赚到了第一个100万美元。首战告捷，盖蒂有些忘乎所以，于是他给自己放了长假，年仅24岁就宣布退休了。随后他买了一辆跑车，四处旅游，可是不久他便发现创业对他更有吸引力。

当他26岁准备东山再起时，石油热潮已从俄克拉荷马州转移到南加利福尼亚州。盖蒂依然保持着过去的习惯：他把大部分时间花在油田上，跟员工一起工作。这当然要感谢前几年学徒的经历，使他看起来真像个熟练的石油工人。他的员工把他当成志同道合的伙伴，因为从未有人看到过一个百万富翁和石油工人一起工作。这不仅使士气高昂，进展神速，而且还带来了许多意想不到的收获。

当时，南加利福尼亚州新发掘出好几百口油井，因此有经验的油田工人供不应求。众多大石油公司的人事主任，因为业务需要，到处疯狂地找人，纷纷以高薪征求员工。

但是，大多数油井老手并不喜欢在利诱之下卖命工作，反而更愿意找一个出价虽不高，但能了解他们，和他们并肩工作的老板做事。盖蒂就有一次类似的经历。

那时他正在开采一口油井，而附近恰恰有一家大公司也在开采一口油井。可以看到，那家公司给予员工极好的待遇，还有可观的奖金。他们甚至给员工提供热水浴池和洗衣机！这些条件盖蒂作为独立采油者是做不到的，因为提供这些优越条件的花费远远超过了他的支付能力。

然而，在他开工后不久的一天下午，一个工人来到了他的油田，要求见老板。有人向他指出盖蒂之后，他走了过来，并立即请求给他一份工作。

“你目前有工作吗?”盖蒂问道。

“有的。”他回答。

“什么地方?”

“那儿。”那个工人指着旁边那家大公司的油井回答道。盖蒂很惊诧，他坦诚地告诉那个工人自己的员工既没有高薪，也没有什么舒适的物质条件。他还说：“我真的不理解，你为什么要离开那天堂般的工作环境而加入我这个原始的小公司?”

“我在那边干了有 4 个月，”那个工人显然很不满，“但我们只挖了 4000 英尺!”

“你猜猜我们这里挖 4000 英尺要花多长时间?”盖蒂问。

“从你们的工作情形看来，大约 10 天就行了!”他笑着说，“因此，我宁愿为你工作……

当然，盖蒂最后雇用了他。

高薪是留住人才的原始武器，但是越来越多的人并不满足于此。在市场经济越来越发达的今天，这一武器也慢慢丧失了原有的效力。

薪水是付给员工的劳动报酬，并不是单纯意义上的金钱。员工在追求高薪的同时也在追求自我价值的实现，追求事业上的快乐，一个利于人才自我发展的环境和空间、氛围更易让人才动心，即使它的薪酬并不高。

作为企业领导者应该记住，员工加入你的企业的最初动机不是为了企业的成功，也不是为了领导人的成功，而是为了谋求自我的更大发展。明白了这一点，创造一个有利于人才自我成长和发展的环境和氛围，人才才会乐于留下来与企业同甘共苦。

1982年春季，Sun微系统公司创立于硅谷。当时，维诺德·科斯拉（Vinod Khosla）找到在斯坦福的同班同学麦克尼里，和他一起创建了一个生产一种前所未有的功能强大的工作站计算机的公司。他们给这个公司取名为“Sun”。

1990年，Sun公司的软件工程师帕特里克·纳夫顿，对Sun的开发环境感到不满，决定离开Sun公司去Next公司工作。他向麦克尼里递交了辞呈。本来对于Sun这样一个人才济济的公司来讲，走一两个人是无足轻重的，但是麦克尼里敏感地意识到了公司内部可能存在着某种隐患。于是麦克尼里请求纳夫顿走之前写出他对公司不满的原因，并提出解决办法。

当时，纳夫顿抱着“反正我要走了，无所谓”的想法，大胆地指出了Sun公司的不足之处。他认为Sun公司的长处是开发能力，但是公司对科研人员太过管束，不利于个人才能的发挥。公司应该早日改变这种现象，才能真正做到以技术取胜。他建议Sun在技术领域锐意进取，应该使当时100多人的Windows系统小组中的大多数人解脱出来。这封信在Sun公司内引起了很大的反响。麦克尼里通过电子邮件将这封信发送给了Sun的许多顶层软件工程师，很快麦克尼里的电子信箱就塞满了回信，这些信件都来自于支持纳夫顿关于公司现状评述的同事。

麦克尼里决定成立一个由高级软件开发人员组成的小组，给予该小组充分的自主权，让他们做自己想做的事情，只有一个要求：一定要有惊世之作。于是Sun公司就诞生了一个代号为“绿色”的小组，这个小组的努力方向是，开发一种新的面向使用者的、代号为“橡树”的编程语言。于是，互联网发展史上的里程碑、富于传奇色彩的Java就这样诞生了。

宽松自主的工作环境为Sun公司招揽来了业界的众多天才，他们促使麦克尼里的事业如日中天。

优秀的人才尤其是科研人才喜欢在一个能让他有充分自主权的环境里工作，这样他们就能有充分的自由，越过一般的条条框框，做一些开创性的工作，超越现有的极限。要创造这样一种环境，企业领导首先要做的，就是尊重并信任人才，充分授权，最大限度地发挥优秀人才的自主性。

培训支出是企业投资

高素质的员工能够最大化地为企业创造效益，而低素质的员工总是在效率低下的工作状态中无意识地流失掉企业的利润。平庸的员工不但绩效平平，而且企业要在他们的辅导培训、对工作后期改进以及对他们的失误和错误进行补救上，付出巨大的财力和精力投入。

企业中还流行“培训浪费论”的说法，认为培训是一项昂贵且得不偿失的活动。很多管理者认为企业的目的就是利润，花钱搞培训完全没有必要，认为现在高校每年毕业生很多，人才市场供过于求，用人完全可以到市场招聘，投资方没有必要浪费；即使搞培训也不愿意多掏腰包，尽可能地削减培训费用。

这是对培训的最大误解。在世界优秀的企业里，员工培训被认为是企业投资回报率最高的可增值投资。据美国教育机构统计，企业在员工培训方面每投入1美元，便可有3美元的产出。美国《财富》杂志指出：“未来最成功的公司，将是那些基于学习型组织的公司。”成功学大师克里曼·斯通说：“全世界所有员工最大的福利就是培训。”

这些优秀的企业管理者认为，员工培训可以提高员工的自觉性、积极性、能动性、创造性和企业归属感，可以增加企业产出的效益和组织凝聚力，并为企业的长期战略发展培养后备力量，从而使企业长期持续受益。他们已经将员工培训发展为企业解决实际和潜在问题、提升竞争能力、拓展市场份额、制定发展战略的核心工具之一。

以摩托罗拉公司为例。它被视为“无线通信巨人”，多年支配着世界无线通信市场，它持续领先的根本原因之一就是对员工培训的重视。摩托罗拉公司是当今职业培训潮流中最雄心勃勃的公司之一。公司把工资额的4%用于培训，每年用约两亿美元为其14万多名员工中的每一位提供至少40小时的培训。摩托罗拉的管理者认为公司庞大的培训计划一定会带来丰厚的经济效益。他们相信：在培训上每投入1亿美元，就会有30亿美元的回报。

20世纪80年代中期，时任公司总裁的罗伯特·加尔文认为，培训将加强公司的全球竞争能力。于是，他立即建立了摩托罗拉培训教育中心，大批员工在这里学到了技能，从而减少了生产中的差错。这个培训运动为摩托罗拉公司带来的直接结果是：畅销的产品开始从摩托罗拉的流水线上源源不断地生产出来，使公司成为美国第一家击败日本人的电子公司。

后来，他们又成立了摩托罗拉大学。摩托罗拉大学享誉国内外，总部在美国伊利诺伊州，全球有14个分校。每年教育经费约在1.2亿美元以上。摩托罗拉的高级经理们相信，公司的未来越来越依赖于有创造性和适应性的员工。美国训练与发展协会的首席经济学家安东尼·卡内维尔说，“这种做法将使他们走上一条超常规发展道路。”

国内很多管理者对培训产生误解的原因有很多。首要原因是培训需求调查工作做得不够，即课程设计与人的需求脱节，致使管理者认为培训毫无用处。第二个原因是企业对培训太急功近利，希望“一口吃个胖子”，总想让员工一经培训就能提高素质，企业就能见到效益。在培训之后，往往发现事与愿违，培训员工的积极性受到挫伤。第三个原因是害怕员工流失。很多企业发现，在对员工进行培训之后，被培训的员工流失倾向越来越严重，特别是一些培训后的技术骨干员工。出于对员工培训后流动的顾忌，有些企业对培训已经不是那么热衷。

殊不知，不对员工进行全方位的培训，即使员工的忠诚度很高，但他们的素质没有得到快速提升，这些低素质员工每天都在使企业流失潜在的市场机遇和看不见的利润。不对员工培训，是管理者对企业不负责任的表现，是企业最大的浪费。

搞清员工需要学习哪些知识技能

企业对员工的培训会遇到这样的问题：员工不培训企业的效益难以提升，花了大量人力物力进行培训，效果却不显著。这种问题的根源在于：企业的员工培训没有针对性。培训要有针对性，正如孔子的话“中人以上可以语上，中人以下不可以语上”。

在员工培训操作过程中，令企业经营者大为不解的是：培训课程结束时填写的反馈问卷的结果显示，大家对讲师及培训课程的效果表示满意，但却不能在实际工作中运用，培训似乎毫无效果；在一个培训课程开展前，报名者多，但到开课时实际到场听课者却寥寥无几。

出现上述问题的根源在于企业经营者没有做好培训需求分析，没有找到员工真正的培训需求。这一方面，爱立信的很多做法值得借鉴。很多企业的员工培训都是企业从外部强加的，至于员工是否愿意接受，抑或是接受的程度有多大，这些企业都无从知晓。因此，爱立信领导者认为，员工的培训应该针对员工的需求入手。

为了确保培训项目符合员工的需求，爱立信专门成立了一个课程研究部门——课程发展部。这个部门的主要职能是讲授爱立信的各类培训课程，这些培训课程有明显的阶梯、明确的课程顺序，以确保课程体系的完整和课程的质量。每年年初，根据市场部的需求预测及课程发展部的课程安排，制订全年的培训计划，内容包括课程名称、时间、费用和名额等。

所有的课程确定后，公司行政部门会把这一年的培训计划放在公司内部网上，全公司的任何员工都可以上网查询。爱立信下属各部门根据部门的培训费用预算及员工培训计划安排本部门的培训实施方案。在部门内部，每个员工都和部门经理有一到两次关于“个人发展计划”的沟通。部门经理根据员工的个人兴趣、意愿，为员工制订出针对性较强的培训方案来。所以，爱立信公司的培训项目都很受员工的欢迎，因为这些项目都是他们自愿选择的。因此有人说，在爱立信公司，员工个人能力的提升，50％的责任在公司，50％的责任在员工自己。

爱立信的培训项目和培训计划并不是一成不变的。培训中心放在公司内部网上的培训计划每月更新一次，更新的主要内容有：通知员工哪个课程已经报满，哪个课程还有席位，又增加了哪些新课等，一旦有新的培训计划出来，员工就可以根据和部门经理沟通的结果去培训中心报名。爱立信的员工每月月初都十分关注培训计划的最新消息，以避免耽误自己的培训计划，从而使自己的培训进程高效率推进。

爱立信在中国和世界范围取得成功的关键环节之一是能充分调动员工潜力，重视员工的培训，“培训是爱立信的传统”，正是注重对员工需求的精准把握，多年来，爱立信在电信及相关设备供应方面一直居世界领先地位。

LG 公司在兼顾员工培训需求方面，采取的是和爱立信截然不同的做法。LG 公司的培训中心根据员工的不同要求为其设立不同内容的课程，然后让各部门员工自己选择参加。他们的培训分“必修”和“选修”两部分。就像是在大学里上课一样，公司文化、思维理念的培训课程通常是“必修”，非常专业化的课程一般为“选修”。通过这样的课程设计，既能把公司的经营目标与员工的个人需求很好地结合在一起，又能为员工创造一个机动灵活的培训安排空间。

在针对员工个性需求方面，LG公司还有一个别具特色的做法，他们设计了以网络为基础的学习软件，活用网络提供的资源，以远程教育的形式营造有利的环境来促进学习。培训中心把培训的课程保存在可移动电子空间里，每个员工可以不受时空限制地按照自己的方式和进度进行自我培训，完成培训课题后，公司专门安排的培训指导人员会把这种学习的效果评估反馈给员工。

另外，LG培训中心充分利用便捷的互联网资源，在网络世界里实现世界各地分公司的直接交流，交流内容包括课程的各种设置、培训的方式和方向等。比如中国的员工可以查看韩国培训中心的课程运营表，并可以自主决定是否参加。

选择最有效的培训方式

因材施教是开展员工培训必须遵守的一条重要原则。其实，对于企业而言，员工培训的目的是为了促进员工成长，从而实现企业对其的期望。这就需要企业在实施员工培训时，应该在因材施教的基础上，更加注重培训方式的有效性。评价有效性的重要标准是看培训的对象是否按照企业的培训愿望进行成长。

海尔在实施员工培训时，从来都是从企业的培训愿望出发，对培训对象采取最为有效的培训方式。海尔培训工作的原则是“干什么学什么，缺什么补什么，急用先学，立竿见影”。

以海尔集团常务副总裁柴永林为例子。他是在20世纪80年代中期企业发展急需人才的时候入厂的。一进厂，企业领导就在他的肩上压上了重担。领导发现，他的潜力很大，只是缺少一些知识，需要补课。企业希望他将来能够承担更大的职责，所以就安排他去补质量管理和生产管理的课，到一线去锻炼，边干边学，拓宽知识面，积累工作经验。

连柴永林自己都承认，这是最有效的培训方式，经过基层的几年锻炼，他各方面的能力都得到了补充和加强，对企业运营的宏观认知也上了一个大台阶。由于业绩突出，柴永林在1995年被委以重任，负责接收了一个被兼并的大企业。一年后，他就使这个企业扭亏为盈，并使这个企业创造了两年之内成为行业领头羊的发展神话。随后，他不断创造奇迹，《海尔人》称赞他："你给他一块沙漠，他还给你一座花园。"

海尔的员工培训思路是"人人是人才""赛马不相马"。海尔集团自创业以来一直将员工培训工作放在首位，上至集团董事长，下至车间一线工人，公司都会根据每个人的职业生涯设计制订出极具针对性的培训计划，搭建个性化发展平台。在海尔，公司为员工设计了三种职业生涯：一种是对管理人员的，一种是对专业人员的，一种是对工人的。每一种都有一个升迁的方向，每一种都设置有一整套的专业培训。

海尔员工培训的最大特色是将培训和上岗、升迁充分结合起来。海尔的升迁模式是海豚式升迁。海豚是海洋中最聪明、最有智慧的动物，它下潜得越深，则跳得越高。如一个员工进厂以后工作表现很好，很有潜力，企业期望他做一个事业部的部长，但他仅有生产系统方面的经验，对市场系统的经验可能就非常缺乏。

怎么办？派他到市场上去。到市场去之后他必须到下边从事最基层的工作，然后从这个最基层岗位一步步干上来。如果能干上来，就上岗；如果干不上来，就回到原来的老岗位上去。即便是公司的高层管理人员，如果缺乏某方面的经验，也要派他下去，到基层去锻炼。

海尔的培训方式注重有效性还表现在现身说法上。以技能培训为例子，技能培训是海尔培训工作的重点。技能培训采用的是通过员工身边案例、工作现场进行的"即时培训"模式。

具体说，就是抓住实际工作中随时出现的最优秀或者最失败的事例，当日下班后立即在现场进行事例剖析，针对事例中反映出的问题或模式，来统一人员的动作、观念、技能，然后利用现场广告牌的形式在区域内进行培训学习。

对一些具有典型意义的事例，他们会发表在集团内部的报纸《海尔人》上，引发更大范围的讨论和学习，从而使更多员工从案例中学到分析问题、解决问题的思路及观念，提高员工的技能。海尔就是凭借这种最为有效的培训方式来保证企业持续高速发展的动力的。

优秀的企业管理者应该像海尔一样，在因材施教注重培训针对性的基础上，突出培训方式的有效性、适用性，从而使培训产生巨大的经济效益。

引导员工成长

很多企业只是把培训当做是一种形式。

山东某食品公司设有培训制度，小培训每周都有，大培训一月一次。但是效果很不理想。有一天，老总因为员工业绩不好很生气，脸红气粗地坐在办公室生闷气。

他刚刚招进来的女助理看不下去，就想进来宽慰老总。谁知她还没说话，老总先说话了："简直是一群猪。"说完，他觉得这个说法不合适，就尴尬地解释："我是说那些负责销售的是一群猪，销售业绩这么差。"

女助理并不在意，说："那请问这群猪是谁招回来的？"老总反应得挺快，说："你不提还好，一提我更恼火，那群猪是人力资源部的那几头猪招回来的。"女助理继续问："我们回到原点看看，人力资源部那几头猪又是谁招回来的？"

老总看了她一眼，不再说话。过了半分钟，老总看着女助理，问："你什么意思？这样问我？"女助理觉得已经到了说正题的时候了，说："没有一个人是猪，但不培训，企业只能是养猪的猪圈。"老总不赞同，说："我们有培训呀，每周不是都有安排嘛！"

这时，女助理拿来公司的摄像机，让他看了一段培训课程的录像，说："你觉得这是培训吗?"摄像机里播放的场景是：老师松松垮垮，很多学员在下面睡觉。女助理进一步问："你是企业的老板，在内心深处你重视培训吗？你去听过一堂课吗?"老总涨红了脸不说话。

这位老总很感谢这位新任女助理所说的真话。第二天就对公司的培训制度进行了实质性的改革。其实，除了合理、公平的薪酬待遇之外，员工更为关注的是个人的发展空间。作为企业而言，不能简单地把员工圈在一个地方后，就不管不问，忽视员工的职业发展。

企业管理者要知道，几乎所有的员工都是有理想有追求的，他们非常愿意为公司创造更多的利益。优秀的企业管理者一定会帮助员工得到预期的利益和实现自身价值。

我们反观国际上很多优秀企业的做法，就会发现我们自身的不足。跨国公司非常注重指导员工的职业生涯设计，为员工提供持续充电的机会，促进其个人计划实现。加强员工培训，促进员工进步，使他们感到前途可观，有奔头。

在这一方面，微软就做得极其出色。微软公司的人力资源部制定有"职业阶梯"文件，其中详细列出了员工从进入公司开始，一级级向上发展的所有可选择职务以及不同职务需具备的能力和经验，使员工在来到企业之初便对日后的职业发展心中有数，目标明确。

在微软，扁平化的组织架构、开放民主的工作作风使每一个有才华的人都有机会把自己的成果融入产品中去影响千千万万人，这使得员工具有很大的成就感。

另外，微软的各级主管都是很"开明"的领导，他们只为下属提供工作方向，而不事事躬亲，每个部门主管最主要的工作就是要“为公司寻找到比自己更优秀的人”。

因此领导对下属的工作是“引导”，而不是“控制”。微软还倡导“鼓励冒险”的文化，对于失败，只要勇于承认，换一个方向继续开发，也不会遭到什么非议。正是这良好的工作环境使大批人才在微软得到了长足进步。

优秀的企业文化是引导性文化，能够诱惑企业员工不断进步。培训是企业向员工传递企业文化的载体和步骤。培训不仅要加强员工的技能成长，还要增强员工对企业文化的理解和认知。如同微软向员工展现的“引导成长”的企业文化一样，企业员工培训的终极追求一定是促进员工进步。

以培养未来老板为标准

事实上，员工更愿意为那些能促进他们成长的公司服务。“留住人才的上策是，尽力在公司里扶植他们，”管理顾问斯温说，“那些最开明的企业在这点上很坦诚。它们会告诉员工，碍于竞争压力，它们无法保证给予他们工作保障，但会设法激励他们、帮助他们成长。这样至少能给他们带来一股工作激情和满足感。”

壳牌集团是世界领先的国际石油企业，位居全球 500 强公司排名前列。壳牌是促进员工发展的典范企业，任何人一旦成为壳牌员工，从第一天起就必须开始真正地工作、承担责任和执行任务，而不是像很多公司那样前三年都是轮岗锻炼学习。壳牌公司会安排专门人员随时观测他的工作表现，并及时给予建议和辅导，在必要的时候进行适时培训。

壳牌这样做的唯一目的是希望员工在公司确确实实有发展前途，并且能够实现个人的事业目标。壳牌希望他有能力从现在的位置做起，一步一步地向更高、更宽的方向发展，做到经理，甚至董事的位置。壳牌公司有一套成熟的制度来支持员工实现事业发展的愿望。只要员工自己有愿望和主动性，他在壳牌公司总能得到提升和发展。公司有一个内部招聘系统，会随时公布公司内部的所有空缺，只要认为自己有时间和精力，每个人都可以去应聘、竞争。

壳牌认为每一个员工都可能是公司未来的老板，因而把促进员工的成长作为公司的使命。以分析力、成就力以及关系力三项指标遴选人才，这表明壳牌在员工招聘时就为员工的发展作了周密的考虑。

分析力如何，要看是不是能够举一反三，高瞻远瞩；能不能从各种纷繁信息中抓住最重要的信息。

成就力是指员工的意志状态。壳牌需要富于挑战精神并满怀激情的人。壳牌认为，成就力是一个人事业追求的前提，首先要有愿望成就一番事业，然后追求成功与否就取决于个体的成就能力。

关系力不单纯指与人如何相处，更在于能不能与人产生 1＋1＞2 的效果。壳牌的关系力还指你是不是尊重他人，理解他人；在与人沟通时，是不是能有效地倾听对方的意见；意见不一致时是不是能取得共识；能不能延伸自己的职责，不是越权，而是提供建设性的合作与帮助。

壳牌会针对员工的成长进行动态跟踪。在壳牌人力资源的运作中，绩效评估和提高占据着非常重要的位置。绩效评估主要包括工作表现和能力增长。经理会听取员工个人的愿望，对未来发展有何要求，然后一起协商下一年他应该怎样表现，包括能力目标和业务发展目标的增长趋势。

各部门每年还要做一个全部门的业绩衡量，在个人完成业务的基础上做员工相互之间的横向比较，帮助他们认识他们在过去一年中到底表现如何。这些分析和比较对员工的成长和发展，提供了重要帮助。

正是因为特别注重员工的个人成长，壳牌才得以长期保持领先性。员工的成长，为壳牌带来了丰厚的物质回报。它是国际上主要的石油、天然气和石油化工的生产商，在30多个国家的50多个炼油厂中拥有权益，而且是石油化工、公路运输燃料（约5万个加油站遍布全球）、润滑油、航空燃料及液化石油气的主要销售商。

同时它还是液化天然气行业的先驱，并在全球各地大型项目的融资、管理和经营方面拥有丰富的经验。该集团2007年销售总收入达3 557.82亿美元，利润为313.31亿美元，位列全球500强第三位。

如果你想要使公司保持高速发展，促进员工高速发展绝对是一条捷径。

告诉员工你对他的期望

领导的期望就是一条沟渠，被领导期望的员工像是流在沟渠里的水，总是能快速地实现领导的期望。要想促进员工成长，让员工知道企业对他们的期望很重要。

企业对员工的期望，表达的主要方式是分配其重要任务。英国卡德伯里爵士认为："真正的领导者鼓励下属发挥他们的才能，并且不断进步。失败的管理者不给下属决策的权利，奴役别人，不让别人有出头的机会。这个差别很简单：好的领导者让人成长，坏的领导者阻碍他们的成长；好的领导者服务他们的下属，坏的领导者则奴役他们的下属。"

让员工承担重要工作，是促进员工成长最有效的方式。松下幸之助就很重视企业人才的培养，他常对工作成就感比较强的年轻人说："我对这事没有自信，但我相信你一定能胜任，所以就交给你办吧。"根据员工的才能、潜力委派任务，再适时加以指导和引导。对工作成就感比较强的员工，要善于压担子，为其提供锻炼与发展的机会，以挖掘其潜力，创造更大的成绩。领导者越是信任，越是压担子，员工的工作热情就越高，工作进展就越顺利。

作为世界上最大的石油和石油化工集团公司之一，BP（英国石油公司）就常用任务来促进员工成长。BP 建于 1909 年，总部位于英国伦敦，是由原英国石油、阿莫利、阿利、嘉实多 4 家集团组合而成的。业务包括石油及天然气的勘探和生产、天然气和电力、石油销售以及石油化工和清洁能源太阳能。它也是世界上主要的交通燃料制造商和销售商，在燃料质量、装运、销售和零售方面享有盛誉。BP 全球雇员约 11.5 万人，在全球拥有 29 200 个加油站，其中在美国有 1 500 个。

BP 首席执行官布朗要求 BP 公司里的每个员工都要清楚两点：第一，自己的任务是什么，自己应该做什么，而不是由别人告诉你应该做什么。如果是公司的管理人员，他还要对团队成员的才能、素质以及自己掌握的资源所能做成的事情十分清楚。第二，任何人都要能作出详尽的工作计划，在研究公司战略上必须清楚和能正确评估其资金实力和可能有的多种选择。通过这两点，保证了整个团队的每个人都知道自己该做什么。因为每个人都理解什么事情能做和应该做，就能行动快，员工就能随着工作的完成而得到快速成长。

BP 很重视对年轻人、开发管理人才的培养。他们的目标是使每一个进入 BP 的人都能做得更好。他们对有才能的年轻人进行培训，让他们到不同岗位、不同国家工作，丰富他们的经验，提高他们的领导技能，有能力的就提拔。对公司一级的接班人，还要让他们了解公司整体状况，了解决策是怎样做出的。决策前必须听到最好的建议，而不是先决策，再咨询。

对于有潜质成为重要高级管理人员的人，布朗培训最独特的方法之一是让他做 1 年至 1 年半布朗的个人助理，在公司内被戏称为“海龟”——这个词来自美国动画片《忍者神龟》。作为布朗的助理，小到递雪茄盒，替他做日程，大到旁听董事会辩论、决策，都要全程参与。布朗说，这是让年轻人通过观摩来学习怎样做出正确决策，怎样向人解释决策，怎样沟通，碰到问题时知道哪些该做，哪些不该做，明白如何分轻重缓急等，核心问题是学会怎样成功。

BP是个大公司，许多事情要靠各级管理者个人决断，所以，布朗认为，最好一次选对人，否则后患无穷。被重点培养的人，能够充分感受到公司的期望，所以，从布朗办公室走出的高级管理人员的工作都很出色。“我们有最好的队伍”是BP骄傲地写在年度报告上的3句话之一。布朗说，正是这样的机制使BP非常有效率。

相反，把员工看作是螺丝钉，员工丝毫感觉不到公司的期望，公司管理者出于担心员工能力不足把事情做错而事必躬亲，不仅累坏了自己，也不利于员工的进步和企业后备人才的培养。员工获得成长，管理者才能轻松起来。管理者不能替代下属学习，他们能做的是对下属言传身教，对下属的工作予以指导和鼓励。告诉员工你对他的期望，他就能达到你的期望。

促使员工的能力高于对手

员工成功，企业才能大成功。这句话的背后隐藏着一条重要的前提：让员工具备能力，尤其是区别于对手的独特能力，员工才能成功。作为企业管理者，注重培养下属的能力是一项基本的、重要的工作。企业管理者最为重要的职责就是要将下属训练成狮子，将团队变成狮子群，而不需要将自己变成狮子。

某航空公司承接了一份短程往返航班的分包合同，就是把乘客从主航线机场运送到地区内的其他小机场。执行起这份合同对于这家航空公司来说，并不是什么难事，它有足够的实力完成得很出色。但是，结果却事与愿违。

尽管这家分包公司的员工懂礼貌、勤奋，工作效率也很高，但是自从该航班开始运行后从来不能按时到达，更糟的是几乎不断取消航班，使得乘客总是迟到数小时，有时甚至迟到一天，经常耽误重要活动和会议，乘客的怨言很大，越来越多人放弃乘坐该航班，改换其他方式。最后，由于运营效益太差，短程往返航班服务合同被上级合作单位收回，公司随之倒闭。

作为服务型企业，航空公司的员工素质和工作能力决定着企业的存亡。后来，这家公司的老板在反省经营问题时，他把“没有注重员工能力的培养”当做是失败的第一大原因。

其实，不管对任何公司而言都是一样的，从这事例中我们得到的警示是：只要员工能力差就会危及整个公司满足顾客需要的能力，从而使企业失去生存的条件和基础。作为企业管理者，有责任不断增强企业利润链中的第一环：员工的工作能力。这是企业成功运营的基础。

只有短视的企业家才将促进员工成长当做是公司最大的浪费，而那些目光长远的企业家总是能够在员工的能力成长上获得丰厚回报。虽然企业可能成为一所临时学校，人才流失率非常高，但是，培养新员工的职能技术，使员工具有竞争能力，是企业获得高速发展的不二选择。

任何时候都需要培养接班人

作为业务遍布世界，历史悠久的跨国公司，摩托罗拉就很重视所有员工领导力的发展。摩托罗拉的领导人培养指导原则主要包括：培养关键性人才成为“下一代的领导者”，留住最佳人才，通过标杆学习来不断提高，培养全球型领导人才。摩托罗拉根据长期经营实践中摸索总结的经验，制定了独特的领导力衡量标准和行为规范，这就是著名的摩托罗拉的领导力“四个 E 和永恒的 E”。

“四个E”分别是“前瞻”（Envision）“实施”（Execute）、“激励”（Energize）和“果断”（Edge）的英文首字，“永恒的E”中的E是“道德”（Ethics）的英文首字。这一标准要求员工在激烈竞争的商业环境中，要有远见和创新精神；激励自己和领导团队达到目标；迅速行动，以结果为导向；在复杂情境中勇于决策，敢于冒险；在商业活动中坚守道德，包括对人保持不变的尊重和操守完美、诚信。

摩托罗拉人力资源部门为员工提供“领导人才标准评估服务”，具体包括180度或360度的评估、评估报告分析、制订个人培养计划、后续辅导等部分。这样可以使员工清晰地认识自己的能力和在组织中的位置，系统地制订自己的长期职业规划，开发个人发展计划，与此同时也为组织提供了客观的数据，有利于组织有效地选拔人才，进行更为有效和有重点的人员接替规划，从而建立领导人储备机制。

摩托罗拉领的领导人才课程包括业务开发学院项目（BDI）、公司强化管理培训项目高级班（CAMP－A）、基础班（CAMP－E）和领导效力强化培训项目（LEAD），这些项目以提升绩效为核心提供多种培训课程、领导人才评估的工具和咨询服务。通过领导人才培养，摩托罗拉如同获得了无穷的人才宝库一样，源源不断地将这些人才输送到世界各地。这些领导型人才为摩托罗拉的全球发展发挥了举足轻重的作用。

公司该怎样培养自己未来的领导者？首先，发掘那些具备成为领导者潜质的人，通过发展机会和培训给予他们关注。其次，提升培养对象的发展定位，使其高标准要求自己。再次，对那些可以领导组织走向未来的高级领导者的特征做一个界定，即建立领导力模型。最后，弥补培养对象的薄弱环节，最为重要的是让他们最大化地发挥优势。